汉代画像石的地域特征及艺术鉴赏

高慧娟 ◎ 著

中国书籍出版社
China Book Press

图书在版编目（CIP）数据

汉代画像石的地域特征及艺术鉴赏 / 高慧娟著 . -- 北京：中国书籍出版社，2022.11

ISBN 978-7-5068-9268-1

Ⅰ. ①汉… Ⅱ. ①高… Ⅲ. ①画像石—鉴赏—中国—汉代 Ⅳ. ① K879.42

中国版本图书馆 CIP 数据核字 (2022) 第 210835 号

汉代画像石的地域特征及艺术鉴赏

高慧娟　著

图书策划	成晓春
责任编辑	吴化强
封面设计	博健文化
责任印制	孙马飞　马　芝
出版发行	中国书籍出版社
地　　址	北京市丰台区三路居路 97 号（邮编：100073）
电　　话	（010）52257143（总编室）　（010）52257140（发行部）
电子邮箱	eo@chinabp.com.cn
经　　销	全国新华书店
印　　刷	天津和萱印刷有限公司
开　　本	710 毫米 ×1000 毫米　1/16
字　　数	212 千字
印　　张	11.5
版　　次	2024 年 1 月第 1 版
印　　次	2024 年 1 月第 2 次印刷
书　　号	ISBN 978-7-5068-9268-1
定　　价	58.00 元

版权所有　翻印必究

前　言

要想了解一个文明，就不能仅从文字方面去了解，还应该从实物方面来真切感受文明的恢宏。汉代是一个辉煌灿烂的时代，是中华文明中重要的一部分，其灿烂的辉煌成绩不仅仅体现在书籍、器具上，在艺术领域更是达到了巅峰。我们应该用现代考古发现来印证历史，补充文献史料的缺失。

在谈到石刻画像时，翦伯赞先生指出："汉代的石刻画像，如武氏祠、孝堂山祠、两城山及武阳石阙等石刻画像，皆传世已久；但并未引起历史家的注意。晚近南阳一带汉墓中，又发现了大批的石刻画像，始有若干学者开始对石刻画像作艺术的研究。我以为除了古人的遗物以外，再没有一种史料比绘画雕刻更能反映出历史上的社会之具体的形象。同时，在中国历史上，也再没有一个时代比汉代更好在石板上刻出当时现实生活的形式和流行的故事来。汉代的石刻画像都是以锐利的低浅浮雕，用切实的描写手法，阴刻浮凸出它所要描写的题材。风景楼阁则俨然逼真，人物衣冠则萧疏欲动；在有些歌舞画面上所表示的图像，不仅可以令人看见古人的形象，而且几乎可以令人听到古人的声音。"现在汉代画像石已经备受瞩目，对于其调查、发掘、研究、保护已经进入了一个新时期。透过汉代画像石我们可以了解历史，研究画像石可以探究历史兴衰的规律、感知汉代画像石的艺术成就、增强民族自豪感和自信心。

在内容上，本书共分为五个章节，第一章为汉代画像石综述，主要就汉代画像石的概念、汉代画像石的基础知识、汉代画像石的研究意义三个方面展开论述；第二章为汉代画像石的分布与研究历程，主要围绕汉代画像石的分布与历史背景、汉代画像石的研究历程展开论述；第三章为汉代画像石的艺术表现手法，依次介绍了汉代画像石的制作过程、汉代画像石的题材分类、汉代画像石的雕刻技法、汉代画像石的构图方式、汉代画像石的图像造型五个方面的内容；第四章为汉代画像石的地理分区与特征，依次介绍了南阳汉代画像石的艺术特征、徐州汉代画像石的艺术特征、山东汉代画像石的艺术特征、陕北汉代画像石的艺术特征四个方面的内容；本书第五章为汉代画像石的艺术成就与历史价值，分为三部分内容，依次是汉代画像石的艺术成就、汉代画像石的历史价值、汉代画像石的收藏与保护。

  在撰写本书的过程中，作者得到了许多专家学者的帮助和指导，参考了大量的学术文献，在此表示真诚的感谢。本书内容系统全面，论述条理清晰、深入浅出，但由于作者水平有限，书中难免会有疏漏之处，希望广大同行及时指正。

目 录

第一章 汉代画像石综述 ……………………………………………… 1
  第一节 汉代画像石的概念 ……………………………………… 1
  第二节 汉代画像石的基础知识 ………………………………… 4
  第三节 汉代画像石的研究意义 ………………………………… 27

第二章 汉代画像石的分布与研究历程 ……………………………… 33
  第一节 汉代画像石的分布与历史背景 ………………………… 33
  第二节 汉代画像石的研究历程 ………………………………… 49

第三章 汉代画像石的艺术表现手法 ………………………………… 65
  第一节 汉代画像石的制作过程 ………………………………… 65
  第二节 汉代画像石的题材分类 ………………………………… 71
  第三节 汉代画像石的雕刻技法 ………………………………… 85
  第四节 汉代画像石的构图方式 ………………………………… 96
  第五节 汉代画像石的图像造型 ………………………………… 108

第四章 汉代画像石的典型地理分区与特征 ………………………… 113
  第一节 南阳汉代画像石的艺术特征 …………………………… 113
  第二节 徐州汉代画像石的艺术特征 …………………………… 118
  第三节 山东汉代画像石的艺术特征 …………………………… 129
  第四节 陕北汉代画像石的艺术特征 …………………………… 135

第五章　汉代画像石的艺术成就与历史价值 ……………… 141
第一节　汉代画像石的艺术成就 ……………… 141
第二节　汉代画像石的历史价值 ……………… 153
第三节　汉代画像石的收藏与保护 ……………… 164

参考文献 ……………… 177

第一章 汉代画像石综述

画像石是古代祠堂、墓室等的石刻装饰画。始于西汉，盛于东汉，内容有历史人物、神仙故事、农业手工业生产、狩猎、舞乐、战争和墓主人生前的生活等。本章主要从汉代画像石的概念、基础知识、研究意义方面整体阐述汉代画像石。

第一节 汉代画像石的概念

美术是一种使用一定的手段和物质材料来反映社会生活的艺术，是一种静态的视觉艺术。汉代画像石是两汉时期的一种美术作品，造型是其主要的特征。绘画和雕塑的共同特征是造型，绘画和雕塑的不同在于：绘画是在"二维空间"即平面上来描绘事物的形象，对所再现的形象在色彩、形貌、神情等方面有着自身独特的表现力，而且绘画的表现对象非常广泛；雕塑在"三维空间"（有着实际的长度、深度、高度）上进行创作，对所再现的形象在色彩、环境等方面有局限性。对于汉代画像石而言，其既不是一般的、单纯的绘画作品，也不是单纯的雕像作品，虽然汉代画像石是使用雕刻的技法进行创作的，但实际上是创作者以刀代笔在石材平面上进行的绘画创作，汉代画像石在汉代主要是当作冢墓建筑和装饰，是一种特殊用途的石刻画。

造型艺术，是一种可视的、静态的空间形象艺术，其主要是通过一定的物质材料和手段进行艺术创造。具体来说，造型指的是创造物体形象；艺术指的是一种社会意识形态，是用形象来反映现实，但是要比现实更具有典型性。因此，造型艺术是一种可以通过视觉来进行欣赏的艺术，是一种具有美感的、占有一定空间构成的形象，雕塑、绘画、篆刻、书法、建筑、工艺美术设计等都属于造型艺术。在我国，20世纪初才开始广泛使用造型艺术这个概念。

造型艺术不仅是绘画的特征，而且也是雕塑、工艺美术、建筑艺术的特征，是它们共同的审美功能。有所不同的是，绘画是一种平面上的创作，雕塑等是在

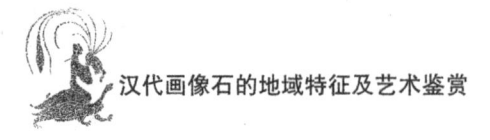

实际三维空间中的创作。

绘画是通过色彩和线条，在平面上对各种可见的形象进行描绘的一种美术，在所再现对象的色彩、形貌等方面有着独特的表现力，有广泛的表现对象。绘画是唯一一种可以对各种具体事物和对生活现象等进行存录的手段。

中国有着悠久的绘画历史，中国绘画有着强大的生命力。首先，中国以汉民族为主，历史上的画家与画工不但要创造出体现时代风貌与特色的作品，还要使作品适应以汉民族为主，包含少数民族在内的审美需求；其次，中国绘画作品突出的特点是形神兼备，不拘泥外表的形似，追求神似；最后，中国绘画具有书、画、诗相结合的特点。按照使用的工具和材料的不同，绘画可以划分为不同画种：水墨画、水彩画、水粉画、油画、版画、素描等；按照不同的表现对象划分为不同体裁：肖像画、风景画、风俗画、历史画、静物画等；按照作品形式划分为不同样式：年画、壁画、漫画、连环画、宣传画等。

雕塑是一种三维空间形象的美术，主要通过雕、刻、塑、堆、焊、敲击、编织等手段来进行创作。在传统观念中，雕塑是一种可视、可触、静态的三维物体艺术，通过雕塑主体的造型形象和空间布局来反映现实。正因为如此，雕塑又被称为凝固的舞蹈，雕塑就像那凝练的、不善于叙述的诗句，只能对行为的瞬间进行表现。雕塑作品用静态造型来表现运动的瞬间，以此来达到生动的效果。雕塑，具体来说，包含雕和塑两种，雕：主要包括石雕、陶雕、木雕、铜雕等；塑：主要是泥塑、瓷塑。彩雕或彩塑指的是在雕塑上施以粉彩。雕塑按照样式来分类有：头像、全身像、半身像、群像等；按照体裁来分类有：园林雕塑、纪念性雕塑、建筑装饰雕塑等；按照基本形式来划分有：圆雕、浮雕、透雕。

画像石，从字面上来看就是石头上的画像，画像石是石刻绘画，就成型技术而言，画像石是一种雕刻艺术；就整体的艺术形态而言，画像石是一种绘画，画像石由此得名。画像石艺术在我国的两汉时期最为流行，并且达到了画像石艺术形式的高潮。画像石的广义指的是在建筑表面上的一切镌刻和塑作，狭义特指汉代画像石。

画像石艺术最早可以追溯到西周时期。西周时期，宫室建筑遗留下来的、带有图案的瓦当；战国到秦代，有着丰富花纹的瓦当；汉代以前，带有装饰图案的、建筑遗存下来的砖石；汉代以前，墓葬中石刻和砖刻饰物。以上这些足以说明，在汉代画像石艺术出现高潮之前，存在着一些类似于画像石的原始艺术形式，换句话说，在今后的考古挖掘工作中，有可能出现春秋战国时期的、具有简单形式的画像砖以及石墓。

"画像"一词来源于汉代。它的第一个含义是表示"象刑"。《汉书·武帝纪》诏贤良曰："朕闻，昔在唐虞，画像而民不犯。"颜师古注引《白虎通》曰："画像者，其衣服象五刑也。犯墨者蒙布，犯劓者以赭著其衣，犯膑者以墨蒙其膑处而画之，犯宫者杂屝，犯大辟者布衣无领。"①这就是说上古尧舜为领袖时无肉刑，在罪犯的衣服和帽子上画上一些图案，穿上与正常人不一样颜色和样式的衣服，所谓"画衣冠，异章服"，象征五刑以示耻辱，并警诫他人，人们便不敢违犯。"画像"的另一个含义是表示"图画其形象"。这里的"像"是象的繁体字。《后汉书·蔡邕传》："邕遂死狱中。允悔欲止而不及，时年六十一，搢绅诸儒莫不流涕，北海郑玄闻而叹曰：'汉世之事谁与正之'。兖州、陈留闻，皆画像而颂焉。"②其中"画像"即为图画其形象之省略用语。在汉代也可见到未省略的用语，《后汉书·南蛮西南夷·邛都夷》："州中论功未及上，会辣病创卒，张乔深痛惜之，乃刻石勒铭，图画其像。"不过，兖州为蔡邕"画像"和张乔为卒者"图画其像"还是有一定区别的。前者可能是刻石画像，也可能是在绢帛上绘出画像，同时也不能排除是在墙壁上彩绘画像；而后者更大的可能则是在墓室或祠堂一类石质材料上雕刻出生人的画像。如是，可以说至迟在我国东汉时已有间接或直接的关于画像石的记载。

宋代，由于金石学的兴起，"画像"一类用语习见于《金石录》《隶释》《隶续》一类著作中。这时所说的"画像"，主要是指武梁祠画像，此外还有别处的石阙、石碑、石刻上的图画其像。宋代所说的"画像"，又泛指汉代画像石拓片，即把画像石或器物上的图画印在纸上。所谓"画像"，就其本意来说，是指拓片上的图像，即平面上的画，并不是指原砖原石③。汉代画像石萌生为"汉画"是清代、民国以来的事情。1930年，中华书局出版的《南阳汉画像集》是一本较早的汉代画像石拓片专集，从书名可以看出，画像或汉代画像石简称为"汉画"有一个萌生和发展的过程。

那么，为何画像石会在汉代大量出现并且达到艺术高潮，出现"空前绝后"的境地呢？

第一，在中国古代，人们非常重视丧葬礼仪，厚葬成为中国古代社会的一个典型现象。受经济发展程度的不同、逝者的社会地位不同、思想观念差异、个人性格差异的影响，厚葬情况在不同的历史时期也是不同的。但总体而言，与其他任何时代相比，两汉时期的厚葬规模与程度达到了顶峰。第二，汉代人认为人死

---

① （东汉）班固撰；陈东辉主编.白虎通[M].杭州：浙江大学出版社，2021.
② （南朝宋）范晔；李立，刘伯雨选注.后汉书[M].太原：山西古籍出版社，2005.
③ 顾森.中国汉画图典[M].杭州：浙江摄影出版社，1997.

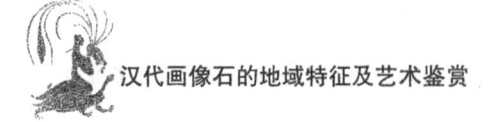

是一种再生，因此，会对身后事和墓葬特别注重和讲究。第三，在汉武帝时期，国富民强，经济获得了空前发展。第四，在汉代，儒家学说登上历史的舞台，成为占统治地位的思想，"罢黜百家、独尊儒术"成为主流思想。在儒学思想中，其核心就是"仁孝"，由于"举孝廉"制度的推行，在社会上形成了"生不极养，死乃崇丧""崇饬丧纪以言孝""以厚葬为德，薄终为鄙"的社会风气，在当时社会中时有出现变卖田宅，为去世父母造冢茔的现象。第五，在西汉的昭帝、宣帝时期，开始流行纯石结构的墓室，相应的墓室的绘画也随之改进。在这样的情况下，壁画在潮湿的墓室中很容易损坏，而且对于纯石结构的墓室而言，墓壁不适合绘制图画。为了使墓室绘画"永固"，人们开始在石头上进行刻绘，然后再给图形施以粉彩，由此来制作墓室的壁画。因此，画像石在这样的背景下、在厚葬之风的催化下形成了，画像石也成为汉代独有的艺术形式。

第二节 汉代画像石的基础知识

一、汉代画像石墓的发展

（一）西汉早期画像石椁墓的滥觞（公元前206—公元前141年）

在秦朝末年，秦王暴虐，推行苛政：一是繁重的徭役；二是沉重的赋税；三是残酷的刑罚。劳动人民不仅要遭受残酷的政治压迫，还有沉重的经济剥削，这迫使广大群众破产逃亡。公元前209年7月爆发了中国历史上第一次农民起义——大泽乡起义，大泽乡起义由陈胜、吴广领导，在"今亡亦死，举大计亦死，等死，死国可乎？"的口号下，起义席卷全国。

汉太祖高皇帝刘邦，参加起义，并建立了西汉，刘邦吸取秦"二世而亡"的历史教训，实行与民休息的政策，在"汉承秦制"（在政治、经济、文化等方面基本上承袭秦王朝制度）的前提下，对秦朝的苛政进行了改变。在汉文帝、景帝时期，对刘邦时期的一些制度和政策做了适时调整，最为突出的是"开关梁"政策，这是中国封建社会对激发经济活力和开放经济做出的尝试。随着政治、经济的稳定发展，西汉社会出现了"文景之治"，随着社会生产力、生产关系、上层建筑的变化发展，此时的丧葬制度也不断演变。在当时的社会中，在墓葬形制、随葬品方面，部分地区依旧保持着战国以来的奴隶制度下的丧葬遗风，但是墓葬形制、随葬品方面的"僭越"成为普遍现象，这也使汉代墓葬形制朝着多样化发展。汉文帝和诸侯王信奉人死是一种再生，信仰灵魂的存在，为了能在殁后拥有同生前一样的生活，汉文帝和诸侯王开始营造可以象征生前宅第的崖墓。"山石为椁"的崖墓对传统的木椁和以石代木的石椁墓产生了巨大的影响。崖墓的建造，在穿山凿石的实践中，造就了一批能工巧匠，这为在石材上斧剁、雕刻出纹饰与画像打下了基础，画像石椁墓因此诞生。

"古之葬者，厚衣之以薪，葬之中野，不封不树，丧期无数"是说我国在远古的时代流行原始的薄葬制度。"后世圣人，易之以棺椁，葛采为缄，下不及泉，上不泄臭"表明人类进入阶级社会后出现了土坑竖穴木椁墓。木椁墓延续了很长时间，直到战国晚期才发生了较大的变化。在战国晚期的中小型墓葬中，出现了以洛阳烧沟为代表的横穴式土洞墓和以郑州杜岗为代表的木盖板空心砖墓。另外在河北平山出现了中山王石椁墓。

西汉是继秦之后建立起来的又一个统一的、多民族的封建王朝。西汉初年，社会经济遭到严重破坏，统治者采取了"休养生息"的政策，葬过律者当得罪。《史记·高祖功臣侯年表》云："武原侯卫不害葬过律夺国。"因此，在丧葬制度上不可能有大的突破，在墓的形制和构造方面，继续流行商周以来的竖穴式土坑木椁墓，棺椁承袭周代的礼制，有一定的等级制度。也有不守"规矩"的例外。帝陵可能是大型的木椁墓，梓宫、便房、黄肠题凑之制。文帝别出心裁，以"山石为椁"墓。在崖墓流行的地区，石椁墓、画像石椁墓得到了进一步发展。此外，黄河流域和北方更多的出现了横穴式的土洞墓，以及空心砖墓。西汉早期的墓葬，沿袭周代礼制的部分是显而易见的，但墓的形制和结构较之传统的丧葬制度有一定新的变化。

在西汉早期，贵族地主阶级的丧葬礼仪沿袭周代的礼制，主要是土坑竖穴木椁墓。随着经济的不断发展，政权不断强化，新兴的地主阶级开始出现，之前奴隶主贵族阶级形成的墓葬制度已经不能适应封建地主阶级丧葬的需要，改革旧的丧葬制度势在必行，以此来调整经济基础和上层建筑在丧葬制度中的矛盾。随着社会中丧葬制度移风易俗，在战国中晚期才出现的空心砖墓、横穴式洞室墓在这个时期得到了发展。后来汉文帝别出心裁，建起"因其山，不起坟"的"崖墓"。最高统治者的这一丧葬举动，不仅影响着处于黄河流域的皇亲国戚的丧葬习俗，而且还影响了处于长江流域的郡县豪强，甚至到了魏晋南北朝时期，在西南地区依旧有崖墓的习俗，可见文帝崖墓影响深远。崖墓的穿山凿石促进了采石、雕琢、绘画、建筑业的发展进步，正因为如此，雕凿石材，在石材上雕刻纹饰、图样、画像才成为可能。"山石为椁"的崖墓是什么样的形制和结构，需要考古学家的

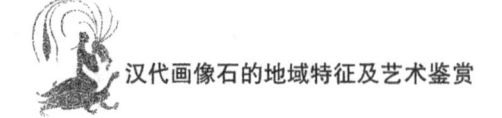

进一步验证,江苏徐州狮子山西汉楚王陵、河南永城保安山一号梁孝王墓为我们了解文献记载中的崖墓提供了参考。

西汉早期,当王朝大部分地区继续流行土坑竖穴木椁墓的时候,关中、中原和徐州地区的空心砖墓、砖室墓和土洞墓开始兴起或得到进一步发展。与此同时,石椁墓和画像石椁墓在崖墓流行的地区开始滥觞。根据发掘的崖墓分析,建造一座崖墓绝非一般贵族地主所能及。文帝以及分封于楚、梁的诸侯王用洞穴代替传统的木椁,在墓葬发展史上具有划时代的意义,是画像石墓产生前一个重要过渡阶段。如果一个刘氏贵族具有开凿一座山的技术和能力,那么,一个中小地主建造一座石椁墓或者建造一座画像石椁墓就可以成为现实。由此可见文帝的"以山石为椁"墓影响之深远。总之,西汉早期以砖代木、以石代木、以石代砖的墓葬逐渐成为一种时髦的葬俗。

(二)西汉中期画像石墓的萌生(公元前140—公元前49年)

在公元前140年,汉武帝即位,西汉达到了一个空前繁荣的社会局面,之后的昭帝、宣帝的"中兴",更是推动西汉王朝达到了极盛。在汉武帝时期,实行了一系列举措来加强中央集权:一是政治上建立中朝;二是法律制度上颁布了《汉律》,推行《推恩令》《附益法》;三是军事上建立期门军、八校尉、羽林军;四是在经济上改革币制,统一盐铁,推行均输平准制度;推行算缗、告缗制度。为了加强在思想上的控制,汉武帝采纳了董仲舒的建议,以儒学为尊,"罢黜百家,独尊儒术",还设立了《诗》《书》《易》《礼》《春秋》的五经博士官,以此招贤纳士,通一经以上的人可以补官。自此以后,以孔孟为代表的儒学思想成为封建社会的正统思想,处于主流思想地位。从汉兴到汉武帝的七十余年间,西汉社会稳定,国家无事,社会经济尤其是农业、手工业、商业得到了快速发展,相应的出现了很多大城市,比如:洛阳、长安、邯郸、临淄、宛、成都等。经济的快速发展,必定会促进文化的发展繁荣,绘画和雕刻艺术也获得了空前发展。虽说西汉中期的社会生产力获得了发展,但是相对之前的经济发展水平来说,此时人们对客观世界的认识是有限的。由于认识的局限性,在西汉初期到中期,贵族地主阶级的丧葬习俗具有浓厚的封建迷信色彩,具体表现为"厚资多藏,器用如生人"的思想。

根据目前已知的考古发掘材料,西汉中期是我国画像石墓萌生的时期。与画像石墓同期的墓葬很多,其形制和结构却有很大不同,其中有沿袭战国以来传统的竖穴式土坑木椁墓,也有西汉中期新兴的横穴式洞穴砖石墓。在墓室构筑第宅化的影响下，传统的木椁墓在主室设大门一类设施，有的还将主室设计为楼上、楼下形式，横穴式的砖石墓更有利于墓室向第宅化的方面发展。河北满城汉墓前室和两个耳室都用木材搭建成房屋，屋顶铺瓦；河南永城芒砀山柿园汉墓内设水井；广东南越王墓主室大门仿主人生前第宅大门。上述情况表明，汉代中期的墓与汉代前期及其之前的墓在形制和结构上的区别，显然在于普遍用横穴式的洞穴作墓圹，用砖和石料筑墓室，其特点在于仿现实生活中的房屋建筑。

西汉中期，画像石椁墓在西汉早期滥觞的基础上又有进一步发展，从分布地域看已走出临沂、枣庄地区，向北波及济南平阴一带。这一时期的这类墓葬在形制、结构上与早期无大差异，在画像内容上较前充实而且丰富，除了早期习见的凤鸟、常青树、绶带玉璧外，更多出现的是反映第宅建筑的画像。另外，出现了与现实生活更为密切的人物、车骑画像。雕刻技法也较进步，出现了剔地浅浮雕。

西汉中期，是我国画像石墓萌生的重要时期。当时，中国是统一的封建帝国，政局比较稳定，经济比较发达，文化比较繁荣，人口比较兴旺，用史载的话说，"国家无事""民则人给家足"，与汉初"齐民无盖藏"的残破局面已有很大的不同。另外，汉代贵族地主阶级追求厚葬，把死人当作生人看待，所谓"谓死如生"。所以，在墓的形制和结构方面，极力模仿现实生活中的房屋。这时期流行的崖墓、石室墓，进一步打破了千年之久的木椁之制，同时期流行的画像石椁墓、空心画像砖墓、壁画墓，在雕刻、模印和绘画艺术方面都达到了相当成熟的水平。主要是由于木椁墓难于宅第化，石椁墓、画像石椁墓难于解决夫妇同墓合葬，空心画像砖墓、空心画像砖壁画墓所承受的压力的局限性，以及崖墓、大型石室墓非一般贵族地主所能及等原因，探索新型的墓葬便成为一些郡县豪家、贵族地主日益追求的对象。为追求室壁整齐、坚固、阔气、易于雕绘，能表示一定身份，体现孝道且可以同墓合葬的墓葬特点，小砖券墓和画像石墓应运而生。从目前发表的考古材料看，西汉中期出土的画像石墓，有明显的地域特点，如果说汉高祖刘邦的故乡及其周边是画像石椁墓产生的重要地区的话，那么，西汉中期的重郡，荆州刺史部南阳郡则可能是画像石墓产生的故乡。

画像石椁墓与画像石墓的共同之处在于画像在概念上相同，不同之处在于二者墓的形制和结构有根本差别。就产生的时代而言，画像石椁墓最迟产生在西汉早期，画像石室墓可能产生于西汉中期。西汉早、中期木椁墓的形制、结构：一是"黄肠题凑"之制，即"柏木黄心致累棺外""端头皆向内"；二是"外藏椁"之制，有"厨、厩之属""婢妾之藏"；三是"梓宫""明堂""后寝""便房"

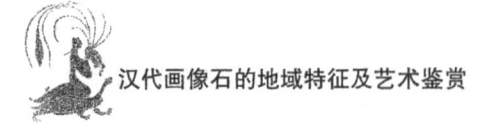

之制。以上这些对西汉中期的大型画像石墓的形制和结构有着深远的影响,尤其是影响多室墓的形制、结构。

(三)西汉晚期画像石墓的发展(公元前48—公元8年)

在西汉晚期,封建社会的统治者继续在思想上推行罢黜百家、独尊儒术的思想。哀帝死后,外戚王莽掌握西汉晚期政权,依旧在思想上实行罢黜百家、独尊儒术的统治思想。公元前51年,汉宣帝"诏诸儒讲五经同异,太子太傅肖望之等平奏其议,上亲称制临决焉",之后,儒学经典成为国家的法典。在汉元帝之后,在对儒家经典问题的解释上,"今文经"(汉隶书写)与"古文经"(先秦文字书写)展开了激烈的、"禄利之路"的斗争,之后古文经学在西汉末年为王莽代汉提供了理论依据。

在西汉晚期,社会经济相较之前有了很大的发展,在农业技术、水利和冶铁上达到了很高的水平;在文化上,绘画艺术和雕刻艺术也有了进一步的发展。在西汉末年,统治阶级日益腐朽,社会阶级矛盾日益尖锐,皇亲国戚、豪强地主等凭借在政治上的特权,不断扩大自己的经济优势,社会上出现了疯狂兼并土地的现象,农民不得不离开土地,加速了破产,农村经济处于崩溃的边缘,租税出现枯竭,这使得封建秩序不能正常运转,动摇了封建地主阶级的政权统治基础。随着统治阶级腐朽的加剧,劳动人民生活在水深火热之中,生活痛苦不堪,在走投无路的情况下,农民和手工业者爆发了反抗西汉王朝的武装斗争。面对这样的社会情况,地主阶级中部分人想要抛弃刘汉,另找一个人来支撑起当下局面,此时出身外戚世家的王莽成为人选,随后王莽成为统治集团内部易姓受命的主角。

西汉晚期的画像石椁墓,在西汉早期、中期形成和发展的基础上,继续处于流行的态势。与前相同的是:石椁墓本身的形制和结构无大变化;与前不同的是:"同坟异藏",即并穴合葬的墓葬较前增多,画像的内容较前复杂,雕刻技法较前成熟。另外,石椁墓分布的地域较前扩大。

西汉晚期,河南南阳一带的画像石墓,在西汉中期产生的基础上又有一定的发展,出现了以南阳杨官寺(简称杨M)、唐河针织厂(简称针M)为代表的"回"字形画像石墓,和以唐河石灰窑(简称窑M)为代表的长方形画像石墓,以湖北随县唐镇(简称随M)为代表的"四"字形画像石墓。杨M的形制仿传统的木椁墓,即主室仿木椁墓的棺室,亦即"正藏"的"后寝",前室仿木椁墓的足箱,亦即木椁墓的"明堂"。后室和两侧室分别仿木椁墓的足箱和两边箱亦即仿木椁墓"外藏椁"的厨房和马厩。不同的是主室由两室组成,为夫妇合葬的规制。该墓的室壁和廊壁则仿木椁墓的"黄肠题凑"之制，系纯石结构，即墓底、墓壁、墓顶均为石条、石板组成。其特点在于模仿现实生活中的宅第。杨 M 出土画像石 14 块，分属于门楣石、门柱石、门扉石和室壁石。内容有人物、建筑、故事、祥瑞、图案等。其雕刻技法为凹面阴线刻。山东平阴一带亦发现有西汉晚期画像石墓，时代比较可靠的有平阴新屯画像石墓。其中平阴新屯画像石墓的形制、结构与河南南阳杨 M 的形制、结构有一定相似之处。

不过，西汉晚期山东一带的画像石墓并没有完全被当地画像石椁墓取而代之，原因之一是，画像石墓一般为大中型墓葬，是适应皇亲国戚、郡县豪家厚葬之风而发展起来的新兴墓葬，一般下层贵族地主限于政治和经济方面的原因，是很难慕效的。所以，适于一般下层地主的画像石椁墓，在山东部分地区继续流传并影响于外，江苏铜山、沛县一带在西汉晚期也出现了画像石椁墓。特别值得一提的是在山东金乡县鱼山发现了一座门楣刻有题记的画像石墓，这在西汉晚期是十分罕见的。它对于研究汉墓题记和墓碑的起源与发展有着重要的参考价值。

（四）新朝时期画像石墓的蔓延（公元 9—公元 24 年）

在西汉晚期，刘氏政权出现了危机四伏的局面，在这样的情况下，封建地主阶级将希望寄托在王莽身上，而王莽早有代汉的野心，不断制造代汉的理论，可见蓄谋已久。经过长期的谋划，王莽从"安汉公"变成"宰衡"再变为"摄皇帝"，终于在公元 8 年，登上皇帝的宝座。王莽上台以后，改国号为"新"，为了巩固统治，缓和社会矛盾，实行改制，具体如下：实行"王田""私属"制；改革货币；推行五均、赊贷及六筦（管）法。王莽改革一方面触及了封建地主阶级的利益，另一方面也没有使广大的人民生活负担减轻，加上对少数民族的征战，使社会经济遭到了极大的破坏，社会动荡，阻碍了社会生产力的发展，最后还出现了绿林、赤眉大规模的农民起义。

我国的祠堂大抵起于先秦。东汉王逸在注《楚辞·天问》中云："屈原放逐，彷徨山泽，忧心愁悴，见楚先王庙及公卿祠堂，图画山川神灵，琦玮僪佹，及圣贤怪物行事。"[1] 在战国时期，诸侯陵墓的地面上出现了建"享堂"的情况，河南辉县固围村的魏王墓和河北平山县中山国王墓便是例证。祠堂作为墓祭的场所出现得相对较晚。《汉书·循吏传》载，文翁，庐江舒人，景帝末为蜀郡守，居官廉平，尤重教育，由是蜀地学风大兴。后"终于蜀，吏民为立祠堂，岁时祭祀不绝"。文翁的祠堂不能排除墓上建筑的可能。由此，我们可以认为，西

---

[1] （东汉）王逸撰；黄灵庚点校.楚辞章句[M].上海：上海古籍出版社，2017.

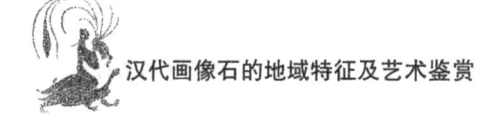

汉早期已出现墓上祠堂。昭帝时期墓上立祠之风已普及到社会中层。《汉书》有关墓旁起祠堂的记载很多，如：《汉书·张安世传》云："安世薨，赐茔杜东，将作穿复土，起冢，筑祠堂。"上述记载从一个侧面证明了"中者祠堂屏阁"之不虚。

战国以前祭祀祖先的活动大抵都在宗庙进行，宗庙和祖茔是分开的，汉初仍相沿袭。但是，高祖死后情况有很大的变化。按照当时的礼制规定，每月要把高祖的衣冠从寝中抬出送到庙中去游历一次，这种活动称为"衣冠游"。由于每次衣冠游都必须经过宗庙道上，博士叔孙通认为在"宗庙道上行"不敬，于是，惠帝便在高祖长陵附近新建一座高庙，又称"原庙"，从而将衣冠游活动移至长陵高庙进行。这样，就开始了将祖陵与祖庙建在一起之先例，以后遂成定制。社会上层阶级的所好，对社会中下层不可能没有影响，故两汉时墓前十分流行祠堂之制，有些地方除名曰"祠堂"外，还有叫"享堂""食堂""斋祠""庙祠"等不同的称谓。

祠堂的形制，按其建筑材料的不同，可分为木质和石质两种结构。木质祠堂因无实物可言，只能从有关文献和有关画像里面略知一二。而石质祠堂，目前已发现的且有明确纪年的画像祠堂共有17座，主要分布于山东肥城、曲阜、嘉祥、金乡、微山、滕州，江苏徐州铜山，安徽褚兰等地。最早的是山东汶上县天凤三年（16年）路公食堂画像祠堂。

祠堂形制、结构的差别，应是等级身份方面的原因所致。祠堂无论是单开间、双开间，使用面积都不大，这一情况表明，石祠实质上是一座建于墓室之前，摆放祭品，有着祭祀功能的建筑物。

石祠堂侧壁及后壁一般雕有画像，画像内容有故事、神话、生活燕居等。由于石祠有画像，故使其成为画像祠堂，至于画像之上是否加以彩绘，使其成为彩色画像祠堂还有待进一步研究。祠堂画像的雕刻技法有阴线刻、凹面雕以及浅浮雕等。

新朝时期，在江苏徐州、泗洪、连云港以及山东微山一带继续流行画像石椁墓。与前不同的是这一时期出现了两室并列的画像双石椁墓；画像的内容也较前丰富，出现了与生活关系密切的"庖厨图""宴饮图""舞乐图""杂技图"等；同时，出现了与谶纬迷信有关的"蹶张图"；与天象阴阳有关的"日月图"等。特别值得一提的是这一时期还出现了与生产有关的"农耕图"以及相关的题记。后者是同期流行的画像石墓，这是先期出现的画像石椁墓所不曾有的现象，这一现象表明新朝时期农业生产发展的状况。另外，出现了椁室内外两面雕刻画像的情况。需要说明的是上述几个地区出土的画像石椁墓,并非像河南唐河出土的冯君孺人画像石墓那样,既有明确的题记纪年,又有较多的随葬品辅助断代,相反,这几处画像石椁墓不是无题记年号,就是可能反映题记年号的刻石漫漶不清,且出土器物较少,多残破不全,所以,个别墓葬的时代不排除延续到东汉初年的可能。

(五)东汉早期画像石墓的崇尚(公元25—公元88年)

在新朝时期,王莽上台以后,实行的改革措施并没有解决西汉末年出现的社会危机和社会矛盾,反而加剧了社会深层次的矛盾和冲突。《汉书·王莽传》:"农商失业,食货俱废,民人至涕泣于市道。"人民在走投无路的情况下,不断爆发反对王莽政权的农民起义,最终形成了全国性的绿林、赤眉农民大起义。绿林军取得节节胜利后,作为南阳大地主大商人的刘縯与刘秀兄弟,率领8000舂陵军,加入了新市、平林农民起义队伍,随后他们打着复高祖之业的口号进行起义,在宛城和昆阳之战取得胜利之后,取得了农民军的领导权。公元25年6月,刘秀在河北鄗南千秋亭称帝,建元建武。同年7月,攻下洛阳,将洛阳作为国都,之后,消灭了赤眉军,恢复了对中原地区的封建地主阶级统治,建立新的王朝,史称"东汉"。

在刘秀即位以后,将黄老的无为思想作为指导思想,恢复了西汉的制度与政策,为了进一步加强中央集权,推行了一系列有效的措施,具体如下。在政治上:一是"退功臣,进文吏""虽置三公,事归台阁";二是将军权收归中央;三是加强了监察制度;四是在选拔人才上推行察举制和征辟制。在经济上:大赦天下,释放了奴婢和囚徒;让军队屯田,实行精兵简政。为了增加赋税收入,刘秀下令丈量土地,核查户口,但是,这项措施触及了地主阶级的利益,遭到了其强烈反对,措施不了了之,豪强地主保住了被隐瞒的土地和田庄经济。刘秀、刘庄父子统治时期被一些历史学者称为"后汉盛世"或"建武、永平之政",但是这个时期的社会矛盾非常尖锐,社会不稳定。在思想领域,刘秀倡导儒学,推崇谶纬迷信,这使得东汉早期的思想笼罩在阴影之下,在这样的情况下,东汉学术止步不前,很少出现改革创新。

在近200年的东汉统治时期,只有在东汉早期的三朝时期(光武、明帝和章帝时期)维持了一个相对稳定的社会局面。在此期间,作为小农经济基础的农业获得了飞速的发展,不仅改进了农耕工具,而且提高了农田水利的兴建技术和农业技术,相对之前时期有了很大的进步和发展。与此同时,生产力的发展促进了手工业的发展,水利鼓风炉的发明是冶炼技术的一大进步,具有重要的里程碑意

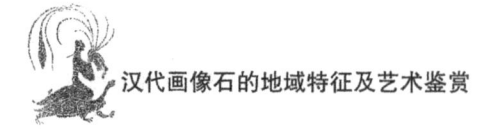

义，这项技术，欧洲在 12 世纪才开始应用。

在东汉早期，刘秀为了加强封建统治，在祭祀和礼仪上进行了一系列的完善，由于受到儒学和谶纬迷信思想的影响，在郊祀、社稷和宗庙祭祀上有着明确的制度规定。这导致在东汉建立初期，社会上迷信盛行，厚葬成为社会风气，东汉的典型时代特征就是"生不极养，死乃崇丧"。

东汉早期，部分地区继续流行画像石椁墓。然而在刘秀故乡南阳一带却十分崇尚画像石墓。另外，在山东、江苏、安徽、四川一带也开始出现或流行起这类墓葬。墓域内的设施一般是墓前置祠堂，祠堂前置墓碑，祠前两侧置人物和动物雕像，再前为一对双阙。有的大墓，以坟丘为中心，墓域周边筑城垣。汉代墓域的这种设施，对汉以后各代有深远的影响。东汉时，在四川成都和重庆一带还出现了崖墓。上述墓葬和墓域构筑物，有的在岩壁或石材上刻有画像，有的还刻有题记，这样就形成了东汉早期画像崖墓、画像石墓、画像石碑、画像石祠、画像石阙等较之西汉和新朝内涵更为丰富的中国汉代画像石。

两汉时期，用横穴式的洞穴作墓圹，用砖和石料筑墓室，是汉墓与汉以前的墓在形制和构造上的主要区别，其特点在于模仿现实生活中的房屋。从西汉晚年开始，还新兴一种石室墓，到东汉更为盛行。墓室由许多整齐的石块筑成，石块上雕刻着各种画像，所以称为画像石墓。东汉早期是我国画像石墓崇尚的重要时期，但发展不十分平衡，在东汉开国皇帝的故乡——南阳一带，画像石墓在经过萌生、发展和蔓延之后，至东汉早期已进入了崇尚时期，山东、江苏则处于产生或发展的阶段，而四川、陕北至今尚未发现与发掘画像石墓的报道。

如前所述，西汉时期江苏、河南、河北、山东一带流行在山崖或岩层中开凿洞穴为墓室的墓葬，俗称"崖墓"。西汉晚期、新朝及东汉时，崖墓开始流行于四川的乐山、新津、彭山、重庆等地区，当地俗称"蛮洞"。纪年墓多为东汉晚期的年号。画像的内容、题材一般与当地画像砖墓相类同。画像的雕刻技法多为浅浮雕或高浮雕。

（六）东汉中期画像石墓的流行（公元 89—公元 146 年）

东汉统治时期，只有在东汉早期，即光武、明帝和章帝时期，社会局面相对稳定。在此之后，社会一直处于动荡不安中，主要体现在以下方面：

第一，外戚宦官擅权。自东汉中期开始，皇帝基本上是幼帝即位，由皇太后临朝称制。因此，政权旁落，主要由外戚和宦官掌管。外戚和宦官这两大集团分别从自身的利益出发，经常发生政权争夺，先后出现：和帝时期，和帝利用郑众铲除窦氏事件，这是宦官干政的开端；安帝时期，宦官李闰、江京诛戮邓氏事件；顺帝时期，宦官孙程捕杀阎氏事件。这些斗争都以宦官胜利而告终，宦官集团一步步把持朝政，参与政权。《后汉书·宦者传》云："邓后以女主临政……朝臣国议无由参断帷幄，称制下令不出房闼之间，不得不委用刑人，寄之国命。手握王爵，口含天宪。"[1] 宦官集团掌握着国家政权，加剧了政治上的腐败，人民生活在水深火热中。

第二，豪强地主的势力不断膨胀、扩大。在中央，外戚和宦官对政权进行争夺，在地方上，各地的豪强地主乘机扩大势力、扩张土地，主要是借助门生故吏、宗族宾客、部曲家兵，形成了盘根错节的势力网。在经济上，多是使用田庄的经营形式，不仅有农业、林业、牧业、渔业，还有手工业和商业。《后汉书·仲长统传》云："豪人之室，连栋数百，膏田满野；奴婢千群，徒附万计。船车贾贩，周于四方；废居积贮，满于都城；琦赂宝货，巨室不能容。马牛羊豕，山谷不能受。"[2]

第三，对外征战，对羌族连年用兵。羌族是我国最古老的民族，一直生活在我国青藏高原和陇西一带，是游牧民族。东汉时豪强地主和官吏的压迫和剥削，引起了羌族人民的反抗，出现了三次大的反抗斗争。东汉王朝对羌族人民的反抗斗争进行了残酷的镇压，前后持续了五六十年，耗费了约400亿军费，这不仅使西北地区经济遭到严重破坏，造成了社会的不稳定，还加重了汉族人民的赋税，造成了严重的负担。

第四，连年的灾荒，使大量农民破产逃亡，加剧了社会的动荡不安。在章帝之后的和帝到质帝时期（公元89—公元146年），社会矛盾不断被激化，这也导致当时的社会经济和文化一直处于缓慢发展阶段。

属于这一时期的有关墓阙的记载很多。如《水经注·济水篇》云："黄水东南流，水南有汉荆州刺史李纲墓，有石阙。"《水经注·洭水篇》云："邛县南有黄家墓，墓前有双石阙，雕制甚工，俗谓之黄公阙。黄公名尚，为汉司徒。"《金石录》云："汉王稚子阙铭二：其一云：汉故先灵侍御史河内县令王君稚子阙。其一云：汉故兖州刺史洛阳令王君稚子之阙。"《隶释》云："景君阙铭，诸生服义者所立。墓有双石阙，其一刻此文，在济州任城县南。"[3] 这一时期现存的画像石阙较东汉早期为多。其中有：北京汉幽州书佐秦君石阙（105年）；河南登封太室阙（118年），少室阙（118—123年），启母阙（123年）；四川成都永元六年（94年）墓阙画像石，四川渠县冯焕阙（121年），四川渠县沈府君阙（122—

---

[1] （宋）范晔. 后汉书[M]. 北京：中华书局，1965.
[2] （宋）范晔. 后汉书[M]. 北京：中华书局，1965.
[3] （宋）洪适. 隶释[M]. 北京：中华书局，1986.

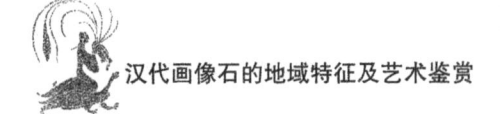

125年），其他还有：四川渠县蒲家湾无铭阙，四川忠县无铭阙。属于这一时期不复存在的画像石阙有：四川新都王稚子阙（105年），山东任城郭令景君阙铭（117年）等。

上述画像石阙，可分为祠庙阙和冢墓阙两种。祠庙阙以河南登封汉三阙为代表，而冢墓阙则以四川渠县冯焕阙为代表。这类阙体量较小，以石块垒砌，两阙之间设门，独立于神道两侧，多数附有子阙，是为二出阙。河南、山东等地的阙，多为实心石砌体，内部不能登临，表面无仿木结构阙的雕刻。四川各地的阙，以冢墓阙为主，与中原地区祠庙阙不同之处是阙身四周仿木结构阙建筑，雕出柱、纺、斗拱等构件。

在东汉中期，由于社会中的厚葬之风盛行，在墓域内的祠堂得到了进一步的发展和流行。在这一时期，墓碑也成为一种流行趋势，碑石数量剧增，墓碑的书体风格非常宽泛，碑额部位用篆书保留文饰的地位，其他被隶书取代，在这些墓碑中，少数墓碑上刻着画像，成为具有很高艺术价值、历史价值、科学价值的画像石碑。

在东汉中期，不同地区有着不同的墓葬形式，在河南、江苏、山东一带很少采用画像石椁墓，开始流行画像石墓；在陕北画像石墓比较风行；在四川、重庆地区，画像石墓成为潮流。在这一时期，画像石墓的分布范围出现了大幅扩大，超出了黄河中下游广大地区，但在墓的结构、形制、雕刻技法、画像内容、随葬物品等方面，各地区存在很大的不平衡性。

（七）东汉晚期画像石墓的盛行（公元147—公元220年）

在东汉晚期，一方面封建统治者的腐败程度加剧，另一方面，豪强地主势力对农民的剥削日益严重。从安帝开始，社会阶级矛盾不断加剧，到桓帝时更加激烈，冲突加剧。桓帝时期，桓帝利用宦官势力铲除了外戚梁氏家族，这使得国家政权落到了宦官手中。这一时期的宦官手段残暴，民间称宦官左悺为"左回天"；称宦官具瑗为"具独坐"；称宦官徐璜为"徐卧虎"；称宦官唐衡为"唐两堕"。宦官侯览前前后后夺取了118顷民田，381所住宅，他还按照皇帝的制度为自己修建了楼阁、苑囿。

宦官势力的日益强大，还出现了由中央向地方渗透的趋势，这使一部分豪强地主出身的官僚、知识分子、太学生感到不满。因敢于打击当权的宦官，司隶校尉李膺获得了很高的声誉；太学生也对宦官的言行举止进行了揭露，也反映了广大人民的心声。正因如此，这些敢于发声的人遭到了宦官的仇视和敌对。宦官让人上书皇帝李膺同太学生结党,"诽讪朝廷,疑乱风俗",桓帝听信后下诏逮捕"党人",使其"赦归田里,禁锢终身",这就是历史上著名的第一次"党锢"。灵帝在位期间,出现了第二次"党锢"。宦官和外戚两大集团的斗争以及发生的"党锢"事件,一方面加剧了东汉的政权危机,另一方面,加深了人们的痛苦与苦难,加上连年的自然灾害,劳动人民被迫离开土地逃荒。

社会政治危机不断加剧,封建统治日益腐朽,在经济上,劳动人民物质极度匮乏,社会道德沦丧。东汉晚期的社会状况和罗马帝国产生基督教时背景相似,处于一种政治、经济、道德、智力的总解体状态。人们沉迷宗教寻求精神上的解脱。最迟至东汉的桓、灵时期,从新疆开始,直到东边的山东滕州和沂南,北边的内蒙古和林格尔,南边的四川彭山和乐山等地,佛教图像已经有了一定程度的传布,在内地,佛教信仰已扩大到地主豪右这一阶层的某些人之中。

江苏连云港孔望山摩崖造像群的发现,则有力证明逐步扩大之势。在日益激化的社会矛盾面前,封建统治者仍沉湎于酒色之中。当时桓灵二帝后室彩女数千人,衣食之费日奢斗金。灵帝还公开卖官鬻爵,四百石的官卖四百万,二千石的官卖二千万,官吏为捞回买官的本钱,就拼命对人民进行榨取,人民忍无可忍,农民起义此伏彼起,184年,终于爆发了张角领导的波澜壮阔的黄巾农民大起义。起义虽然最后失败了,这场斗争却结束了腐败的东汉政权,冲击了东汉后期某些地区土地兼并的严重局势,用暴力调整了使生产陷于绝境的生产关系,使当时衰敝不堪的社会经济有了恢复和发展的可能。各地的豪强势力借助镇压黄巾起义契机,不断扩大了自己的势力,东汉后期逐渐形成了豪强割据的局面。中平六年(光熹元年,189年)以后,董卓挟献帝以令诸侯,东汉政权名存实亡。至建安二十五年(延康元年,220年),曹丕废汉献帝,自己做皇帝,国号魏,建都洛阳,东汉王朝至此灭亡。

东汉晚期,就全国而言,画像石墓处于一个发展不平衡的阶段。除南阳、鄂西北区因政治、经济原因,以及陕北因东汉顺帝永和五年(140年),西河郡治所迁至今山西省离石,上郡治所迁至今陕西韩城原因,画像石墓出现相对衰落势头外,其他地区,如山东、苏北、豫东、皖北区、晋西北区、河南郑州、洛阳地区在原有基础上均有所发展。这时,画像石墓的分布区域有所扩大,出现了四川、重庆区。四大主要分布区域外,在浙江海宁、贵州金沙、北京丰台亦发现了画像石墓。这一时期的画像石墓,若以墓的形制、结构、随葬器物、画像内容、雕刻技法而论,有不少相同之处,但不同之处也是显而易见的。

二、汉代画像石分类

（一）独特的艺术造型分类

汉代画像石是我国两汉时期独具特色的美术艺术作品，造型是其主要特征。汉代画像石既不是纯粹的、一般的绘画艺术作品，也不是纯粹的、一般的雕塑艺术作品，汉代画像石以刀代笔在石材上进行绘画，使用的是雕刻的技法，主要用于冢墓建筑和装饰，是一种特殊的石刻画。

从画像石的功用角度来说，画像石是一种改良过的墓室壁画；就制作流程来说，对于画像石而言，雕刻只是画像石前期的制作阶段，后期还需要在雕刻好的石材上施彩、描画、装饰，使画像石更加生动形象、形神兼备。这也就是说，第一，画像石是一种雕刻和绘画相结合的艺术形式。第二，从画像石主要的雕刻方法中可以看到：平面阴线刻，这是版画常常使用的刻画方法；剔地浅浮雕、浅浮雕兼阴线刻的方式，主要是为了用减地来突出形象，在突出的平面上进行体积起伏加工的地方很少；剔地凹面阴线刻方式中凹面地面也基本上是平的。第三，画像石很注重构图的艺术，讲究经营位置。第四，画像石的主要造型元素是点、线、面，这也就是说画像石的形式是绘画性质的，如图 1-2-1，部分画像石有外框装饰等绘画特征。第五，画像石是彩绘的艺术作品。对画像石艺术中的绘画元素进行综合分析，可以看出画像石不能被排除在绘画范围之外。

图 1-2-1 陕西绥德画像石《墓门立柱画像》

1. 汉代画像石的雕刻艺术

雕塑是一种三维空间形象的美术，主要通过雕、刻、塑、堆、焊、敲击、编织等手段来进行艺术创作。汉代画像石属于雕塑的范畴（图1-2-2），具体原因如下：第一，画像石的材料使用的是可雕可刻的石头。第二，画像石塑造的形象是一种可以看到、可以触摸到、可以感知到的实在形体。第三，汉代画像石使用石头作为材料，进行创作，是用金属在石上敲凿而成的作品，其形象展现了石刻独有的肌理，有着独特的金石韵味，这种韵味是其他任何材料都无法达到的，正是这独特的金石韵味，为画像石增加了冷峻之美。

汉代画像石有着丰富的雕刻语言形式，展现了独特的雕刻艺术，远超一般意义上的雕塑。汉代画像石的雕刻艺术吸取了篆刻艺术中的精华和优势，注重用圆转流畅、浑朴刚劲的线来刻画形象，塑造体积，给人呈现一种气贯神通的韵味。值得一提的是，在汉代画像石中，许多的画像中着重刻出印章和瓦当似的起装饰作用、烘托作用的"框边"，这些"框边"使得汉代画像石呈现"幅幅"完整、"块块"独立的效果。汉代画像石还有一个鲜明的特点就是具有凹凸的体积变化，这使得画像石呈现出更加醒目和突出的影像效果，有很强的辨识力和视觉张力，是一般的绘画作品所不能拥有的。汉代画像石的雕刻艺术，因吸收了雕塑的豪迈、粗犷的雄气，展现了其以形就势，随势化韵的艺术特点，进而呈现了楚文化的放荡不羁和汉代艺术的雄强、扩张的双重浪漫。

图1-2-2 山东微山两城狩猎、车骑出行画像石

2. 汉代画像石的装饰艺术

装饰艺术语言在汉代画像石中，随处可见，为汉代画像石营造了富于变化又统一的艺术效果。装饰艺术和绘画艺术相辅相成，这双重语言共同缔造了汉代画像石独特的艺术韵味。装饰艺术有着独特的灵气、手法，在汉代画像石中起到锦上添花的效果，让画像石臻于完美。在汉代画像石中，装饰艺术占有很大的比重，暂且不提那些纯粹起装饰作用的画像石，就是在不起装饰性质、有着强烈表现倾向的画像石图像中，在关键部位、传神部位以及杂乱部位依旧有装饰艺术的存在。在这类画像石中，大部分带有装饰云纹，这些装饰云纹一方面作为画面的辅助线条，另一方面起到和弦效果，在伸延有致和连续不断的线面关系上起到烘托整个画面气势的作用。

在河南南阳画像石《逐牛》（图 1-2-3）中，画像石画面中主要的形象是一牛二人，除此之外，还使用了灰色云气来充当装饰，有着烘托氛围的作用。在《逐牛》中，图画中的云气主要有两组：一组围绕着牛且向下反转的弧线云，这给人呈现出牛走投无路、精疲力竭的感觉；另外一组云，围绕着持枪人，向上翻转，为持枪人增添了豪气和魄力。这两组云虽然不起眼，但是有着非常重要的作用：一是为整个画面增加了节奏感，使描绘的画面增加更加活跃的气氛；二是这两组云形成了两个视觉中心，可以让观者的视线在两者之间来回转换，将两者间的矛盾展现得淋漓尽致，将冲突推向高潮；三是，单看两组云，很像一浪接着一浪的浪花，给人呈现出很强的运动感。假如去掉这幅画像石中的云饰，其热烈的气氛必然会大大降低。

汉代的艺术家极具浪漫主义情怀和艺术想象力，创作出了既甘醇优美又不喧宾夺主的装饰艺术语言，这样的装饰艺术既可以起到装饰作用，又可以巧妙且自然地装饰画像石的主题。

图 1-2-3　河南南阳画像石《逐牛》

由于汉代画像石的作者大多是民间的无名艺术家，因此创作作品中会呈现出质朴、简洁、大胆的艺术特点。正因如此，才造就了汉代画像石无拘无束的造型方式，具备浓重的、返璞归真的艺术气息。在汉代画像石的艺术表现形式上，着重突出刻画人物、动物等形象的大致轮廓，而且画面有着浓厚的生活气息。石刻与民间剪纸的影刻相类似，二者的造型都具有生动、粗犷、拙朴、夸张、单纯、明快的特点，如图 1-2-4 所示。汉代画像石生生不息的艺术活力，体现在其所蕴含的民间艺术造型语言中。在汉代画像石中有着众多的人物形象，比如：小吏、武士、农夫、奴仆等，描绘了社会底层的人物形象，给人呈现出真实、可信的感觉。汉代画像石体现出的大胆的手法、清新的语言以及对形象和精神的准确把握，让后人叹为观止。在汉代画像石中，有很多画像石设有文字，这些文字与画面中的形象相得益彰、密切结合。此外，汉代画像石的造型语言艺术与书法的造型方式、艺术风格以及构图形式有着异曲同工之妙。

图 1-2-4　陕西绥德画像石《烤肉串》

（二）汉代画像石类型

由于时代不同、地域不同、研究方法不同、研究手段不同，对汉代画像石的研究有一个由表及里的过程。近代之前，研究对象多为遗存在山东的汉代石祠画像、散存画像石刻。在民国时期，研究对象在以往的基础上增加了汉代画像石拓片，比如，河南南阳及其他地方新发现的汉代画像石拓片资料，这一阶段主要是通过画像石拓片的画面（二度空间对象）来对画像石（三度空间对象）等进行研究。受限于拓片研究的局限性，研究学者的研究内容主要是对画像石的内容进行考证研究，无法对画像的用途、质地、配置、雕刻技法等做出有依据的、科学的阐释。中华人民共和国成立后，学者一方面进行考古调查、考古发掘，另一方面对考古资料进行整理和分析。画像石的研究对象更加宽泛，不仅仅是汉代画像石的拓片，而且对地上地下有关汉代画像石的考古资料以及相关的文献资料进行了综合研究和论证。

因此，当今画像石的研究对象，就地上画像石的质地而言，主要是研究汉代青石质石灰岩画像材料、红石质砂岩画像材料；就画像石的用途而言，主要包括：一是祠堂画像石；二是石阙画像石；三是石棺画像石；四是崖墓画像石；五是摩

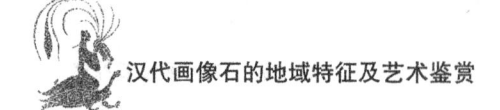

崖画像石；六是石墓画像石；七是石椁墓画像石；八是石碑画像石；九是石垣画像石；十是石器画像石。以上十种类型具体论述如下，当然还有一些传世的、散存的、不知用途的汉代画像石刻本书暂不论述。

1. 祠堂画像石

祠堂又被称为祠室、斋祠、冢舍、食堂，其中诸侯王的祠堂称为祠庙。对于墓前建造祠堂的起源，有的说起源于先秦，有的说起源于西汉，但祠堂主要用途是祭祀。从目前已有的考古资料和文献来看，按建筑材料不同，汉代的祠堂可分为两类：一是木质结构，木质结构的祠堂因无遗存于地面的遗物，对于祠堂和祠堂内的装饰无法用考古学来进行佐证；二是石质结构，一般在祠堂雕刻着内容丰富的、独具特色的画像。

石祠画像一般是在祠堂内部四壁上，多是分格布局，采用阴线刻、凹面刻、浅浮雕、凿纹减地平面刻等雕刻技法。祭祀祠主图是画像的主题，其他画像还会有天地鬼神、历史故事、舞乐百戏、庖厨宴饮等。

祠堂主要是祭祀祖先的地方（图1-2-5）。汉代著名的《鲁灵光殿赋》让我们了解了汉代的宫殿墙壁上常常有着用于教化的、非常壮观的壁画。在汉代，很多墓地的旁边设立有用于祭祀墓主人的祠堂，祠堂的墙壁上刻画着或张扬逝者的"功德"或教化子孙等内容的画面。由于石质材料较之土木易于保护，一些石祠堂保留至今。目前发现，汉代的石结构祠堂集中分布在今山东西南部、江苏北部的徐州地区以及安徽省的北部地区，其中山东嘉祥县的武氏祠画像群、山东长清区孝堂山石祠的画像艺术早已蜚声中外。

图1-2-5　山东金乡朱鲔祠堂画像（摹本）

2. 石阙画像石

阙的出现可以追溯到几千年前的新石器时代。西周、春秋战国和秦代出现了"城阙""阙门"和"宫阙"的记载。阙的功能可分为五类，除上述三种功能外，还有祠庙阙和墓阙。"我国现存阙30余处，其中祠庙阙6处，余均为墓阙，这些阙多数是汉代遗物。"[①] 西汉才开始建筑祠庙阙，当时统治者通过在祠庙的入口处两侧建造双阙来祭祀天地神祇。与此同时，墓域设门，门外立阙也开始兴起，当时只限于帝王享用，在东汉时期得到进一步发展，成为一种潮流，县令、太守以上的官吏大多会在墓前建阙。根据墓主人身份的高低，分别营建单阙、双阙、三阙。汉阙多用石材筑成，两阙之间设门，独立于神道两侧，有的附有子阙，亦称为二出阙。河南、山东、四川遗存的汉阙，一般由阙基、阙身、阙顶三部分组成。河南、山东的汉阙多为实心，内部不能登临，构筑比较简单（图1-2-6）。四川的汉阙构筑比较复杂，整体都模仿木结构建筑，台基上立柱，柱下安放斗栱，斗栱承托纵横枋木，枋木承托各层楼面。并出现了一斗二升和一斗三升的形式。汉代祠庙阙和汉代墓阙共同之处是阙身上大多刻有画像，内容繁杂，比如：神话传说、历史故事、出行宴饮等，并刻印题额，可以记载姓名、官职，也可以标明营造的年月。始建于东汉建武十二年即公元36年的四川梓潼李业阙是现存的、年代最早的阙，四川雅安高颐阙是东汉年代最晚的阙，为东汉建安十四年（209年）。我国目前发现汉阙28处，其中四川19处、河南4处、山东4处、北京1处。

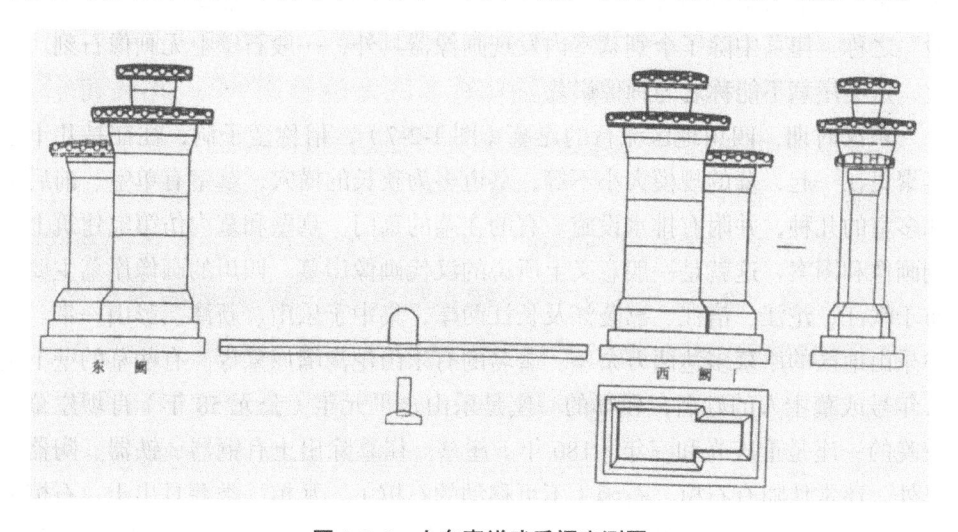

图1-2-6 山东嘉祥武氏阙实测图

---

① 高文. 中国汉阙[M]. 北京：文物出版社，1994.

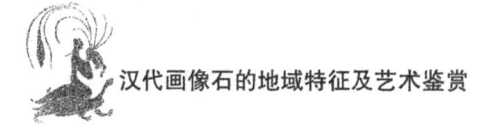

3. 石棺画像石

石棺装饰艺术别称石棺画艺术。石棺画像石形式起源于商周时期，盛行于汉代，厚葬之风使巴蜀国度的石棺雕刻艺术进入全盛时期。纵观1500多年的石棺艺术发展史，自然可以发现，四川石棺画像艺术就其形式和内容的统一方面已经达到完美结合的境界。仅近十年，人们在四川就发现带画像的石棺近百具。

在砖室墓中的画像石棺材质一般是红质砂岩，形制有两种：棺式和椁式（函式）。芦山县王晖石棺是棺式形制的典型代表，其外观与现代棺材并无二致，上边有盖板，下边是棺座。王晖石棺主要雕刻技法是剔地浅浮雕，其棺室盖板和四壁都刻着青龙、白虎、玄武、神人图并且题有"故上计史王晖伯昭，以建安拾六（211年）岁在辛卯九月下旬卒"的字样。郫县竹瓦铺石椁是椁式形制的代表，其形状很像石函，其雕刻技法是剔地浅浮雕，椁室四壁外侧有羲和捧日、牛郎织女、龙虎戏璧、人物等雕刻画像。

4. 崖墓画像石

两汉时期，山东、河北、江苏、四川一带流行在山崖或山岩中开凿洞穴为墓室的墓葬，俗称崖墓。其特点是规模宏大，墓室结构复杂，洞穴里凿有墓道、前后墓室、耳室、侧室、厕所，并有较为完整的排水系统。墓主人的身份较高，为王室亲属及诸侯王等高级贵族。由于墓室结构如同地上第宅建筑，故有"地下宫殿"之称。崖墓中除了个别墓室内发现画像器具外，一般石壁上无画像石刻。因此，这类崖墓不能称之为画像崖墓。

东汉时期，四川地区流行的崖墓（图1-2-7），俗称蛮子洞，往往是几十座墓聚集在一起，墓的规模大小不等，墓道多为狭长的横穴，墓室有单室、前后室和多室的几种，并附有排水设施。有的在墓的墓门、墓壁和墓内仿第宅建筑上雕刻画像和图案，这就是一般意义上所说的汉代画像崖墓。四川的画像崖墓主要分布于岷江、沱江、涪江、嘉陵江及长江两岸，集中于乐山、新津、彭山一带。其中乐山地区的崖墓多达两万余座。著名的有乐山沱沟嘴崖墓等。有些墓的壁上刻有年号或墓主人的姓名，较早的一座是乐山永平元年（公元58年）肖坝崖墓，较晚的一座是重庆光和三年（180年）崖墓。崖墓除出土有铜器、铁器、陶器等以外，还常伴随有石棺、石函（不可移动的石棺）、瓦棺一类葬具出土。石棺上一般刻有画像。以沱沟嘴崖墓石棺为例，画像的内容有人物、车辆、驭马、门犬、建筑等。其雕刻技法为剔地平面浅浮雕和线刻并施的方法。东汉时期流行于四川的崖墓，其墓主人的身份，远远低于始于西汉初年的为诸侯王及其亲属等高级贵族建造的崖墓的身份，一般应为京师贵戚，郡县豪家。由于崖墓墓室雕刻画像和图案，墓室内安放的石棺等多为画像石棺，所以，画像崖墓是汉代画像石的重要研究对象之一。

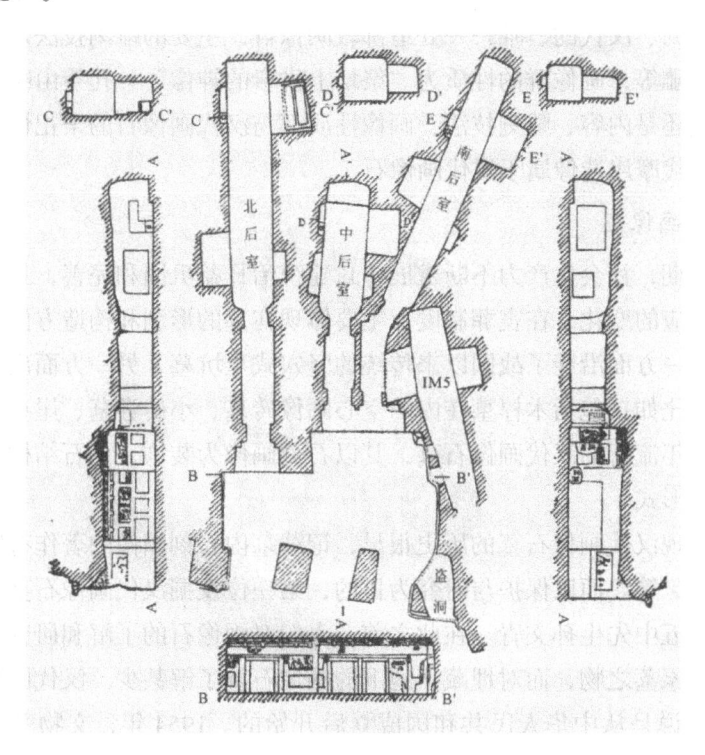

图 1-2-7　四川乐尚麻浩 1 号崖墓平、剖面图

5. 摩崖画像石

摩崖雕刻史最早可以追溯到原始社会时期，我国的很多地方都有摩崖雕刻的艺术形式，比如新疆、内蒙古等省。但是汉代摩崖画像石的发现比较少，江苏连云港孔望山的摩崖画像是汉代摩崖画像石中艺术成就较高的。

东汉晚期，在东海郡朐山县，今江苏连云港市海州锦屏山，出现了雕刻着画像的画像山石，这就是孔望山摩崖造像。孔望山摩崖造像在孔望山西侧的长约 17 米，高约 8 米的范围内，雕刻了 105 躯人物造像[1]。最引人注目的是 3 躯高大的汉装人物像，人物均是道教的形象，其台下平台上刻着灯碗和莲花座、两侧有

---

[1] 中国汉代画像石全集编辑委员会. 中国美术分类全集·中国画像石全集·江苏、安徽、浙江汉代画像石 [M]. 济南，郑州：山东美术出版社，河南美术出版社，2000.

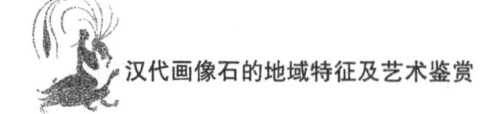

身着汉装的供养人和手持莲花的胡人供养人像,头上戴着进贤冠。"顶上挽髻、正襟危坐的黄帝像""头戴进贤冠、双手捧盾的关令尹像"处于山崖的最高、最显著的位置。老子像和黄帝像四周分布着"刻有57个人物像组成的'涅槃图''舍身饲虎图'、有背光的佛陀像和许多深目高鼻的胡人像"。孔望山摩崖造像是我国目前发现的、汉代的、唯一一处道佛教画像群,主要的雕刻技法是阴线刻、浅浮雕、高浮雕等,画像群的性质为"祭坛上供奉的神像"。孔望山摩崖造像不管是创造时代还是内容、雕刻技法、画像性质都与汉代画像石的祭祀性质有关,所以孔望山汉代摩崖造像属于汉代画像石。

6. 石墓画像石

西汉时期,社会生产力不断发展,封建统治日益巩固和完善,封建礼仪制度也发生了相应的变化,在丧葬制度上主要体现在墓的形制和构造方面。封建贵族地主阶级,一方面沿袭了战国以来传统的竖穴式土坑墓,另一方面出现了多种形制的墓葬,比如:包括木椁墓在内的空心画像砖墓、小砖券墓、崖墓等。西汉中期至东汉末年流行的汉代画像石墓,其以石刻画像为装饰,是石结构或砖石混合结构的墓葬形式。

我国发现汉代画像石墓的历史很早,记载墓内石刻画像的著作有宋代沈括的《梦溪笔谈》等。而以保护与研究为目的,第一位发掘汉代画像石墓的当属民国学者原南阳五中先生孙文青。在此之前,人们对画像石的了解和研究多局限于汉代地上散存冢墓之物,而对埋藏于地下的画像石墓了解甚少。汉代画像石墓的科学发掘应该说是从中华人民共和国成立后开始的。1954年,文物考古工作者科学发掘了山东沂南画像石墓。到90年代,在河南南阳地区,山东、苏北、豫东、皖北地区,四川、重庆地区,陕北、晋西北地区以及河南中部地区均发现了大量画像石墓。据不完全统计,全国已清理、发掘汉代画像石墓100余座,其时代有西汉中、晚期,新朝时期,东汉早、中、晚期之分;其形制有单室、双室、多室墓之别;其内容有生产、生活、故事、传说、星象、鬼神诸多方面;其雕技有阴刻、浅浮雕、透雕多种方法。有的画像表面还施以彩绘,使之成为彩绘画像石。它不仅对当时人们生产生活进行了记录,而且为后代研究汉代的政治、经济、文化提供了科学的、真实的资料。

7. 石椁墓画像石

画像石椁墓最早出现在西汉早期刘邦的故乡徐州周围,在西汉中晚期盛行,东汉早期出现衰落,在东汉中晚期基本很少出现。画像石椁墓主要分布在山东的枣庄、临沂、济宁；江苏沛县、徐州、铜山；河南夏邑、商丘等地。画像石椁墓主要是将竖穴式的岩坑、土坑当作墓室或者墓道。若把竖穴式的岩坑、土坑当作墓道，人们会在墓道一端的最深处凿挖岩洞或土洞，以长方形的岩坑、土坑或岩洞、土洞作为墓室。画像石椁墓将木材替换为石材作椁板，装饰艺术从髹漆彩绘替换为石刻画像。

石椁墓的形制相较来说是比较简单的，一般是单室墓，呈现出长方形的平面布局，主要包括头板、足板、侧板、盖板、底板五个部分，头板、足板、侧板的连接使用凹槽扣合。早期石椁墓画像一般是在椁室内侧雕刻，在东汉早期出现了椁室内外侧均雕刻画像的情况。石椁墓画像的雕刻技法主要是凿面阴线刻和凿面凹面雕施阴线刻。在早期的石椁墓画像中，画像的内容相对简单，主要是几何图案、常青树、鸟、璧纹绶带等；在中期的石椁墓画像中主要内容是：有关墓主生活的建筑、出行、格斗、拜谒图；在晚期的石椁墓画像中，内容丰富主要是：墓主人的生产、生活、故事，还有远古神话传说、祥瑞辟邪图等。

汉代画像石椁墓与汉代画像石墓不同之处是明显的。一是墓的形制结构不同。汉代画像石椁墓沿袭先秦的木椁墓，其墓室一般是竖穴式土（岩）坑，是长方形的，在竖穴式土（岩）坑内建筑石椁；汉代画像石墓突出特点是仿照地面宅第建筑，主要是用竖穴式的土坑当作墓圹，用石料和砖来建造墓室。二是葬具中画像石的雕刻部位不同。画像石椁墓的画像大都雕刻在椁板外侧，而画像石墓的画像则雕刻在室壁内侧。由此，可以说，画像石椁墓是一种过渡性的特殊墓葬形式，是战国以来的竖穴式土坑木椁墓过渡汉代竖穴式土坑砖石墓时的一种墓葬。在古代棺、椁同属葬具，因此，在四川画像石棺墓也就是画像石椁墓与西汉中晚期中原地区出现的画像石椁大同小异，不同之处是四川的画像石棺一般放置在以崖洞为椁室的墓葬中。由于画像石椁、画像石棺以及四川流行的有争议的画像石函，均雕刻有大量反映汉代社会生产、生活及其他的画像，因而它是汉代画像石研究对象中不可缺少的家族成员。

8. 石碑画像石

汉代文字石刻一般见于西汉时期。根据形制和用途的不同，分为题记、碑、碣、墓志、石经、摩崖等几类。现存于世的画像文字石碑较为罕见。

碑为长方形石刻，由碑趺、碑身、碑首三部分组成。碑趺，即碑下的石座。汉碑一般为方趺，个别也有龟趺的；碑身镌刻文字，多隶书，内容大体为墓碑、墓记（志）、颂功、记事、经典、契约等；碑身的上端是碑首，碑首有圭形、圆形、

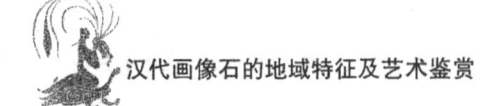

方形之分；汉代多为圭形碑首，在碑首和碑身之间有穿（圆）孔，碑首一般刻有篆书题额。题额上镌刻有画像、纹饰的不多见，仅见《鲜于璜碑》和《黄君之碑》少数几通碑，此二碑为墓碑。墓前树碑立传始于东汉，前者为隶书，延熹八年（165年）立，天津武清区出土。碑阳记述鲜于璜的生平经历，碑阳额部阴刻青龙、白虎画像，碑阴记述其家族世系，碑阴穿上阴刻朱雀画像。后者亦为隶书，东汉永建元年（126年）七月立。碑阳额部阴刻神人首部画像。

汉代尚未发现成型墓志。出土的墓记有《马姜墓记》等。出土的画像墓记有《许阿瞿墓记》等。墓记一般记载死者姓名、籍贯、生平经历、死亡日期、家族世系以及对死者的颂辞等。与墓碑不同的是墓志形制小，置于墓室内，其特点是四言韵文。墓志的滥觞，可以追溯到秦代的刑徒瓦。东汉时的墓志尚无定制，故后人一般称之为墓记。1973年，河南南阳出土的许阿瞿画像墓记和江苏徐州邳州出土的燕子埠画像墓记是已知的为数不多的汉代墓记。《许阿瞿墓记》刻于建宁三年（170年），隶书，记述5岁的许阿瞿染疾情况、死亡日期以及家人对他的哀悼。墓记右侧上部刻许阿瞿肖像、游戏图，下部刻百戏图。上述画像墓碑、墓记，不仅是研究当时政治、经济、文化的实物材料，而且其中的纪年画像石是判断汉代画像石墓绝对年代的依据。

9. 石垣画像石

我国战国时期的陵园和茔域制度已为考古学资料所证实。秦始皇构筑的骊山陵除了墓丘外，还有内外两重夯土墙垣。西汉时期，陵园和茔域制度得到了进一步发展。在西安市东郊帝后陵丘四周，至今还可以看到用夯土筑成的墙垣遗迹，以及双阙、寝殿和其他建筑遗物。东汉时期，从明帝开始陵园四周不再筑墙垣，改用行马。两汉时期封建帝王的陵园制度对当时世家大族的茔域制度产生了重要的影响作用，不少庄园地主、郡县豪家的茔域占地广阔，高坟累累。有的在墓的四周用石材构筑圆形石垣，例如河南密县打虎亭一号汉墓。有的则在墓室四周用石材构筑长方形石垣，例如安徽褚兰一号、二号汉墓。褚兰一号汉墓石垣由墙基、墙壁、仿屋顶建筑三部分组成。墙基刻菱形图案，墙身刻平行竖纹图案，仿屋顶雕凿瓦当及屋檐一类建筑饰件，檐部刻水波纹图案。二号汉墓石垣残缺，部分石材刻菱形图案。由此可认为褚兰一号和二号汉墓石垣当为画像石垣。汉代画像石垣虽然发现不多，但它毕竟是汉代画像石研究的家族成员。值得一提的是，褚兰一号和二号画像石垣并非是孤立的画像建筑物，而是和褚兰一号、二号画像石祠、画像石墓紧密联系在一起的画像建筑群，如无遭受破坏，其研究又往往是不可分割的。

10. 石器画像石

汉代画像石器，主要是除画像石墓、棺、碑、祠、阙、垣之外的，与墓葬活动有关的，有石刻画像的器具。比如：在河南永城梁孝王墓，出土的汉代凤鸟画像井盖；河南周口出土的画像石楼；河南南乐出土的画像石砚。汉代画像石器虽然出土不多，但是也具有重要的研究价值。从考古的角度来说，这些石器有的比画像石墓产生的要早，而且具备画像石的基本要素，是典型的汉代石刻作品。

对汉代画像石器进行研究，我们首先应该对其和先秦时期的雕刻石制品进行区分。在战国之前，我国的雕塑、绘画以及工艺美术获得了发展。安阳殷墟武官村大墓出土的虎纹石磬等工艺精湛，画面栩栩如生，是我国典型的奴隶社会的文物，对后世的雕塑、绘画以及工艺美术产生了深远的影响，汉代画像石也受其影响。汉代画像石器与岩画也有所不同，岩画主要是指古代凿刻或绘制在山崖岩壁上的图像，岩画的分布范围很广，岩画的时代跨度很大，涉及内容十分丰富：北方岩画多是反映狩猎游牧民族的经济生活、宗教信仰、意识审美等；南方岩画多是与当地人的生产生活相关。汉代画像石器也受到岩画这种艺术形式的影响。汉代画像石是在独特历史条件下产生的具有时代特色和风貌的艺术，是与汉代丧葬习俗紧密相连的独特艺术形式。

第三节　汉代画像石的研究意义

汉代画像石是文化、社会科学的重要组成部分，对于汉代画像石的研究，首要任务是根据当前发现的汉代生产生活的遗物、遗迹来明确相关的社会背景、画像石的考古分期、画像的内容、画像石的雕刻技法、艺术成就等；探究其在历史发展过程中的规律，马克思主义的历史唯物主义论可以成为探究规律的理论依据。"历史唯物主义认为，历史现象之所以不同于自然现象，是由于有'社会的人'这一因素的存在。恩格斯说'在社会历史领域内起作用的是人，而人是赋有意识的，经过深思熟虑而行动，或受热情驱使而行动，并抱有预期的目的'。恩格斯又说：'这丝毫不能改变历史进程服从内在规律的这一事实'，但对于历史的研究，尤其是对于个别年代和个别事变的研究，则是十分重要的。"[①] 因此，对于汉代画像石的研究要注重汉代人的作用，只有这样才能认识汉代历史进程中的内在发展规律。

---

① 夏鼐，王仲殊.考古学，中国大百科全书·考古学 [M]. 北京：中国大百科全书出版社，1986.

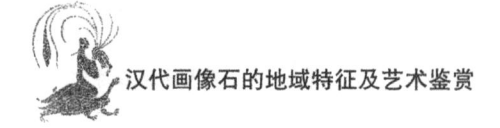

汉代画像石研究的"个别年代"是十分明确的，它上起于西汉王朝的建立，中间包括王莽建立的新朝，下迄于东汉王朝的覆灭，历时四百余年。延续于魏晋时期的画像石墓，不属于汉代画像石墓的范畴。汉代画像石作为汉代丧葬制度下的产物，它既不产生于西汉之前，又不大量延续于东汉之后，这不能说不是历史的"个别事变"。所以，文物考古工作者需要论证汉代画像石发生、发展和衰亡的历史及其一般规律，探索不同地区在不同历史发展阶段所表现出来的差异和造成这些差异的原因；科学阐述画像内容的表里含义及相互关系；概括和总结画像艺术的风格和成就；进而构筑汉代画像石考古学的研究体系。为完成上述研究任务，就必须从基本的调查发掘工作做起，通过对汉代多种多样的实物资料加以整理、分析，广泛地与相关科学结合再经过归纳，加以提高，最后从理论上解决汉代画像石研究的根本任务。汉代画像石具有以下几方面研究意义。

一、探究汉代画像石兴衰的规律

汉代画像石研究的任务之一，就是根据汉代遗留下来的画像石椁墓、画像石墓、画像崖墓、画像石棺墓以及墓域内遗留下来的画像石祠、画像石碑、画像石垣、画像石阙等建筑物，运用田野考古学的调查、发掘及相关科学方法，收集与画像紧密联系的遗迹、遗物两大类实物资料，通过对资料的整理与分析，综合性和理论性的研究，以认识汉代画像石发生、发展、衰亡的历史和规律。

纵观中国古代墓葬演变的历史，我们可以看到，随着封建礼俗和宗法制度的改变，汉代画像石也相应地发生变化。汉代画像石没有在两汉之前产生，也没有在两汉之后延续，是两汉时期墓葬发展的必然产物。在西汉中期，经济获得了发展，奴隶主贵族的棺椁制度已经不能满足封建地主阶级的丧葬需要。为缓和社会矛盾，改革旧的丧葬礼制势在必行。丧葬制度的改革主要体现在墓的形制和构造两个方面。丧葬制度的移风易俗首先发生在中原和关中地区，后来影响到黄河以北地区，到东汉时期，画像石墓已经影响了大部分地区，东至东海，西至巴蜀，南阳作为光武帝的故乡更是风靡，之后山东、徐州最为炽热，因为这两地是京师贵戚的封地和郡县豪强的属地。后来，南阳一带的画像石几乎朝夕间土崩瓦解，在社会上修筑与自身不符的画像石墓司空见惯。后人认为这种现象的出现是东汉后期经济衰败、频繁战乱的必然结果。因此，研究汉代画像石的首要任务就是明确画像石在当时丧葬制度中达到高潮的原因以及后来没落的原因。

二、阐释汉代画像石画像的含义

汉代画像石研究的任务之二，是根据画像石所表现的内容，对其本身所蕴含的含义和要反映的社会现实生活进行研究阐释。汉代画像石真实地反映了汉代社会生活，那么，画像石所表现的内容，只能源于真实的汉代社会生活。马克思主义认为，历史是一面镜子，可以真实地反映当时社会的政治、经济、文化。如果说历史具有这种"特异功能"，那么，历史留下的遗物——汉代画像石则必然如一部汉代的绣像史，更加真实地记录下汉代社会的方方面面。需要说明的是，画像石自身历史的阐明，是建立在画像石墓及其墓上建筑专题研究之上的，只有深入的专题研究并取得相应的科学结论，综合性的研究才能有坚实的基础。

因此，画像石研究的另一任务，自然而然应是搞清汉代画像石本身所具有的作用、画面内涵以及在墓葬中的意义。这就是说对每一块汉代画像石，首先应搞清楚它的性质和用途，是墓石、祠石，还是阙石、碑石；其次，对画像石每一块画像进行细致的、深入的研究和考评；其三，对诸如墓石等整体画像石的画像与祠石、阙石、碑石等画像石的画像进行全面、深入、细致的研究。这样，才能把握汉代画像石的整体和局部的关系，以此揭示画像的表象的意义、形象等，不至于陷入"一叶障目，不见泰山"的唯心主义研究泥坑。这一点对于画像石研究者来说是十分重要的。另外，我们所说的汉代画像石，主要包括地下画像石墓和服务于画像石墓的地上祭祀性画像石建筑物两大类。地下的东西不能说没有破坏的例外，但地上的东西，由于人为和自然的原因，大部分已荡然无存。但这并不意味着在散存的画像石中没有一块属于画像石祠或画像石阙一类的东西。如果进而发生判断失误，将石祠或石阙上的画像误为石墓里的画像，那么，不仅不可能正确地说明某一块画像的用途，而且有可能对画像石的画面做出只知其一、不知其二的描述，甚至错误地解释。由此可见，搞清散存画像石的面目不是一件轻而易举的事情。

值得注意的是，汉代画像石作为独立的学科，其题记研究也有着重要的意义，画像石题记是画像石的"说文解字"，对于后世了解画像的时代、用途、性质以及内容有着无法替代的作用。当然，对画像石进行辨伪也是一项重要的工作，虽然传世的赝品很少，但是也会给画像石的研究工作带来很多的问题和困扰，这就需要研究者具备辨伪的能力和技术。

三、弘扬汉代画像石的艺术成就

如前所述，汉代画像石属于艺术范畴，归于造型艺术，它不仅具有绘画的特

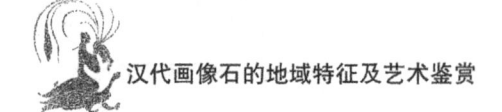

征，而且具有雕塑、工艺美术和建筑艺术共同的特征。因此，可以说汉代画像石是我国汉代绘画、雕塑、工艺美术和建筑艺术综合为一的精神和物质产品。汉代画像石研究的任务之三就是需要搞清楚汉代画像石在我国线描、雕刻、彩绘以及建筑艺术上的地位和成就，也就是中国绘画的民族性特征，及其对中国绘画的深远影响。

对于汉代画像石制作过程的研究，需要明确创作者是如何在石材平面上勾勒出各种事物的形象，如何做到"图画天地，品类群生"。从考古资料中和出土的汉代画像石墓中，我们可以看到一些石刻画上有线描墨稿的痕迹，证实了汉代画像石是一种绘画艺术。汉代画像石作为绘画艺术，可以从视觉上再现当时的社会生活，一是可以向后人描述了真实可见的事物，呈现出视觉上的逼真效果；二是可以传达墓主的思想；三是引导后人联想未出现在画像中又与画像有着紧密联系的事物，突破了时空的局限性。但是，汉代画像石的画稿在表现时间和运动方面有很大的局限性。而石刻好比凝练的诗句，通过阴刻、阳刻、浅浮雕、深浮雕等雕刻手段，长于表现行为的一个瞬间。它以静态的造型所表现出运动的状态，往往是一幅画像取得主动效果的重要原因。但是，石刻在表现环境和色彩诸方面有很大的局限性。不过部分汉代画像石的颜色并没有依托材料的本色，而是通过雕刻形体的同时创造形象，且涂以色彩，形成所谓彩绘画像石刻，这正是汉代画像石艺术区别于绘画和雕塑艺术的特殊之处。遗憾的是由于色彩附着力差，画面距今时代久远，今天我们所看到的画像石绝大部分已为材料的本色所迷惑，这是一般观赏者所不了解的一种现象。

总之，我们研究汉代画像石不能脱离汉代进行研究，要进行返真的工作。汉代画像石一方面是墓室的观赏品，另一方面是墓室实用品，是典型的工艺美术。汉代画像石通过图案或者画像加图案来表现装饰、造型、色彩，因此，对汉代画像石的研究也应该包含对图案的研究。在过去，缺乏从建筑艺术的角度对汉代画像石的研究，实际上，汉代画像石墓、墓域建筑物不是纯艺术的，而且不是每座建筑都有艺术性。但沂南汉代画像石墓是汉代建筑艺术的典型代表，建筑物的体积布局、空间结构、比例关系等构成了其艺术形象；方柱、柱础、斗拱、画像石刻等作为建筑装饰，在造型和色彩上通过对建筑艺术构思的具体化和发展延伸，构成了建筑形象。

综上所述，在漫长的历史发展过程中，虽然汉代画像石作为一种艺术品种长期不为人们所注意，但由于它与绘画、雕塑、工艺美术和建筑艺术有着不可分割的关系以及对后代艺术的影响，研究汉代画像石刻的起稿、雕刻、彩绘及配置安装，乃至弘扬汉代画像石的艺术风格和成就，是汉代画像石研究面临的一项艰巨的任务。

四、构筑汉代画像石考古学研究体系

著名考古学家夏鼐和王仲殊先生指出："按照研究的年代范围、具体对象、所用手段和方法等的不同，考古学可以划分为史前考古学、田野考古学及各种特殊考古学等分支。"同时又指出："作为考古学的分支，使用特殊考古学这一名称，是为了与史前考古学、历史考古学、田野考古学等考古学的主要分支相区别。它包括上述三大分支以外的其他各种分支。有的是按研究对象不同而分的。如美术考古学、宗教考古学、古钱学、古文字学和铭刻学等；有的是按所用手段和方法不同而分的，如航空考古学、水底考古学等。"[①] 按照研究的年代范围，具体对象的不同，考古学可以划分出"汉画考古学"分支。

汉画主要包括汉代帛画、壁画、岩画、陶器画、漆器画、铜器画、画像石和画像砖等，最有代表性的就是画像石。两汉时期上起刘邦开国，下迄献帝退位，跨度有400余年，在这期间遗留下来的艺术、文物具有重要的历史、艺术研究价值，是对先秦以来中国物质、精神文化的概括、总结，为后人还原了汉代社会的方方面面，影响了汉代以后的艺术发展。汉画考古学可否成为一门特殊的考古学，主要取决于以下几点：首先取决于研究对象，这包含汉代画像石墓葬及其墓域建筑物在内的画像的价值和重要意义。要成为一门独立的考古学科就需要研究的对象有着重要的历史价值、科学价值以及艺术价值。其次，看看研究的年代、对象以及方法手段，与考古学三大分支（史前考古学，历史考古学和田野考古学）以及特殊考古学（美术考古学、建筑考古学等）是否可以区分，有区分才有可能成为新的特殊考古学。最后，要看看能不能按照时代、内容的不同，在"商周考古学"这个特殊考古学中分出"汉代考古学"，进而分出"汉画考古学"。

"汉画考古学"与"汉画学"是有区别的，后者在学术界有"是"和"非"两种不同的意见，但把画像石在内的汉画作为考古学的研究对象向前推进一步似是学术界的一种共识。我们说汉画考古学是考古学的一个重要分支，与田野考古学有着不可分割的关系，是说它的研究对象、研究方法，例如资料的收集、资料的整理和分析、综合性和理论性的研究和考古学是如出一辙的。如果说汉画考古学和历史考古学的关系是相辅相成的话，则汉画考古学必须参证历史考古学关于两汉和先秦文献记载，而历史考古学关于两汉历史考古则必须参证大量遗存于两

---

① 夏鼐，王仲殊. 考古学，中国大百科全书·考古学[M]. 北京：中国大百科全书出版社，1986.

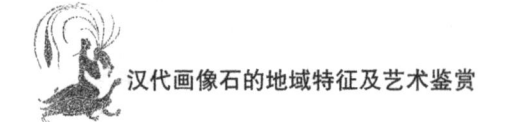

汉的画像石等遗迹和遗物。汉画考古学和美术考古学的关系更为密切，则是说汉代画像石等艺术文物，是美术考古学直接的、不可缺少的对象。总之，汉画考古学是一门涉及面很广的科学，除了与上述学科有密切的关系外，与环境学等自然科学、建筑学等工程技术科学、民俗学、社会学、经济学、政治学等人文与社会科学都有着直接或间接的关系，汉画考古学必须得到这些科学的支持和协助，才能成为一门学科，进而构筑汉代画像石考古学研究的体系。

五、弘扬民族文化增强民族认同感

汉代画像石文化研究，对于社会的发展起着积极意义，有利于民族的延续和发展，有利于文化的传承。民族精神的传承是民族延续的重要体现，是其重要的组成部分，优秀的汉文化精神是中华民族的文化精髓。汉代社会中的一些思想观念以及生活方式至今影响着我们生活。当下，只有很少的人对汉代画像石文化有所了解，汉代画像石文化并没有得到普及，现代人们也没有将汉代画像石文化与时代相结合，使汉代画像石获得发展和运用。

汉代画像石艺术是一项有着丰富文化内涵、多样题材、传统审美观念以及富有独特个性的艺术。在互联网飞速发展的今天，我们可以通过数字化手段来搭建面向广大学生和群众的汉代画像石艺术教育平台，一方面丰富了人们的精神世界、提高了审美情趣；另一方面为青少年了解中华民族传统文化搭建一个高质量的、大众化的、便捷的平台。当然，相关的从业者也可以走进校园，为学生开展相关专题讲座、艺术体验课程，以此激发青少年对汉代画像石文化的关注和兴趣，促进汉代画像石文化的当代发展。汉代画像石是汉代文化的物质载体，是一项优秀的艺术作品，是典型的中华传统文化。因此，我们应该建设汉代画像石文化传承体系，利用数字化等先进技术对汉代画像石加强保护，同时，对于其所蕴含的文化价值进行研究，提炼出核心思想，将其与当代文化相结合赋予新的内容形式和时代内涵，创造出具有时代特色的艺术作品，促进汉代画像石的当代发展。

第二章 汉代画像石的分布与研究历程

汉代画像石由于产生的年代比较久远,所以人们对汉代画像石的研究也有一个比较长的历史过程。汉代画像石分布在我国不同的地域,有一定的分布特点,本章从画像石的产生历史、地域分布和研究历程入手,对汉代画像石的发现与研究进行介绍。

第一节 汉代画像石的分布与历史背景

一、汉代画像石的分布

(一)总体分布

汉代是我国历史上存在的时间比较长的朝代,产生了丰富、宝贵的文化资源。目前,我国全域范围内发现的汉代画像石数量非常多,总数量已经过万。通过考古工作者的努力,我国现在已经发现了二百余座汉代画像石墓以及二十余对汉代画像石阙。另外,在考古工作者的努力下,我国已经复原了十余座汉代画像石祠。目前,我国还存在一处以汉代雕刻技法雕刻的摩崖造像群,是我国摩崖造像的珍贵遗产。总体来说,我国汉代画像石分布极为广泛,东至山东,南至云南、浙江,西至四川、甘肃,北至北京。但是,汉代画像石的分布不均,按分布密度来分,可以将汉代画像石的分布区域划分为五个。

第一个区域主要包括我国山东、江苏、安徽、河南、河北地区。此区域以山东省的西南地区为中心,辐射范围包括整个山东地区、江苏和安徽两省的中北部地区、河南省的东部地区以及河北省的东南地区,往东到达山东省的沿海地区,往北到达山东半岛最北部,往西到达河南安阳一带,往南到达江苏省扬州地区。此区域广泛分布着汉代画像石,目前人们已经发现的有二百多处,其中包括山东省的嘉祥、金乡、东阿、鱼台、微山、汶上、济宁、曲阜、泗水、邹县、长清、

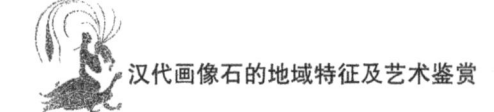

肥城、泰安、枣庄、阳谷、平邑、平阴、费县、临沂、莒县、沂南、沂水、安丘、即墨、高密、章丘、诸城等地，江苏省的徐州、睢宁、邳州、新沂、丰县、沛县、连云港、宿迁、泗洪、泗阳、宝应、射阳等地，安徽省的淮北、宿州、亳州、定远等地，河南省的永城、鹿邑、夏邑、安阳等地。这片区域非常广袤，是五个区域中最大的分布区，同时也是我国汉代画像石现存数量最多、分布最密集的区域。

　　第二个区域主要包括河南、湖北两省的部分地区，其中河南发现的汉代画像石数量居多，主要分布在南阳市以及周围的唐河、邓州、桐柏、社旗、方城、新野、叶县、襄城等地。汉代画像石在湖北地区的分布主要集中在当阳、随州两地。这个区域的汉代画像石刻画的年代比较久远，可以追溯到西汉末期，有着重要的考古价值，同时也是汉代画像石非常重要的发祥地。如图2-1-1、图2-1-2所示为河南新密打虎亭汉墓画像石。

图2-1-1　河南新密打虎亭汉墓画像石《扫除》

图 2-1-2　河南新密打虎亭汉墓画像石《侍女》

第三个区域主要包括陕西和山西两省的部分地区。其中，陕西省主要包括绥德、米脂、榆林、神木、子洲、清涧、吴堡、彬州等陕西北部地区；山西省主要包括吕梁市周围的离石、柳林、中阳等山西西部地区。

第四个区域主要包括我国西南地区的四川和云南两省部分地区。此区域的汉代画像石主要依河流走向分布，主要集中在嘉陵江和岷江流域。其中，四川省主要包括成都、乐山、梓潼、雅安、宜宾、渠县、忠县等地区；云南省主要包括距离四川较近的昭通地区。如图 2-1-3 所示为彭山崖墓一号棺画像石。

图 2-1-3　彭山崖墓一号棺石刻

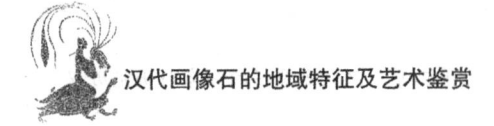

第五个区域主要包括河南洛阳及其周围地区。这一区域的汉代画像石主要集中在洛阳、登封等地。

我国汉代画像石分布广泛，除了分布在上面五个区域外，还分布在北京、天津、江苏、浙江等地，虽然数量较少，但也说明了画像在汉代是非常盛行的。

上述五个区域中，第一和第二个区域是汉代画像石的主要发祥地。这两个区域的画像石主要出土于西汉中期的汉墓中，说明画像石墓在当时已经非常流行。这两个区域的汉代画像石由于数量多、年代久，所以对人们研究汉代历史文化有着非常重要的意义。尤其是第一个区域，其出土的汉代画像石雕刻年代比较久远，而且题材、技法丰富多样，分布于不同的墓室、石棺、祠堂等地方，代表了汉代画像石的最高水平。第三和第四个区域的汉代画像石主要出土于东汉早期和中期的汉墓中，但也有自身的特点。尤其是第四个区域，其出土的画像石很多都存在于汉代崖墓之中，这与其他地区形成了鲜明的对比。另外，第四个区域出土的汉代画像也有一些是蜀汉时期雕刻的。

在五个区域中，第五个区域可以说是位于四个区域的中心，虽然这个区域没有自身的特色，但是由于地理位置比较特殊，所以将其单独列为一个区域。这个区域的汉代画像石有不同的艺术风格，通过研究其风格的变化，人们可以看出各个区域的汉代画像石在雕刻技术、题材选择等方面的交流与互动。

（二）具体省份分布

具体到每一个省、市、自治区来说，汉代画像石主要分布如下。

1. 山东省

汉代画像石大量分布于山东省各个地区。山东省出土的汉代画像石主要集中在鲁南地区的枣庄、济宁、临沂等地区，这些地区也是山东省出土数量最多的地区，其次是济南、泰安等地区。另外在菏泽、聊城等鲁西南和西北地区也出土了汉代画像石。山东省总计有136个县级行政区，其中有50多个地区出土过汉代画像石，主要的有：嘉祥、金乡、东阿、微山、鱼台、汶上、曲阜、泗水、邹县、长清、枣庄、沂南、沂水、安丘、肥城、阳谷、平邑、平阴、济宁、济阴、费县、泰安、苍山、即墨、福山、诸城、高密、临沂、莒县、章丘等。

2. 河南省

河南省自古就是中原腹地，有着悠久的历史和文化。河南省出土了大量的汉代画像石，主要集中在河南省的南阳市、平顶山市、许昌市、郑州市、洛阳市、漯河市、鹤壁市、新乡市、安阳市、周口市、商丘市和驻马店市。其中南阳市是最主要的汉代画像石出土集中区。在南阳市管辖的县、市中，除了西峡县目前未有画像石出土外，其他县、市均有汉代画像石出土。商丘地区是河南省又一个汉代画像石主产区，河南洛阳、郑州也是汉代画像石的主要产区。

汉代画像石在河南主要分布的县、市区有：南阳市卧龙区、南阳市宛城区、唐河、新野、邓州、方城、镇平、社旗、桐柏、内乡、南召、淅川、永城、柘城、商丘、鹿邑、夏邑、许昌县、禹州市、长葛、襄县、叶县、郏县、舞阳、巩义市、新郑、密县、登封、孟津、汤阴、林州、浚县、淮阳、确山、获嘉等。

3. 江苏省

以苏北重镇徐州为中心，汉代画像石的主要分布县、市有：铜山、睢宁、邳州、新沂、丰县、沛县、东海、连云港、赣榆、清江、宿迁、泗洪、泗阳、宝应、射阳等。镇江、苏州等江苏南部也有少量汉代画像石出土。

4. 安徽省

在安徽省，发现汉代画像石也很多。安徽省汉代画像石的主要分布县、市有：淮北、宿州、灵璧、亳州、萧县、濉溪县、霍山县、定远县等。

5. 湖北省

汉代画像石主要分布在湖北北部的当阳市、随州市、枣阳市。

6. 陕西省

在陕西省，汉代画像石主要分布在：绥德、米脂、榆林、神木、子州、清涧、吴堡、横山、靖边、彬县等地。

7. 山西省

山西省的汉代画像石主要分布在：离石、柳林、中阳等地。

8. 四川省

四川省的成都、彭山、乐山、新津、梓潼、雅安、宜宾、长宁、绵阳、德阳、芦山、盘溪、西昌、夹江、简阳市、南充市、荥经、南溪、金堂、合江、富顺、大邑、长宁、广汉、内江、中江等地均有汉代画像石出现。

9. 重庆市

重庆市的汉代画像石主要分布在忠县、南川、涪陵区、合川、巴县、江津、璧山、渠县、永川、江津、武隆等地。

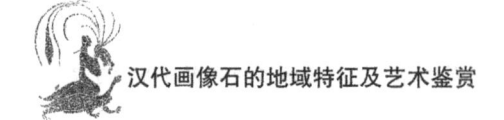

10. 云南省

云南省汉代画像石主要出土于昭通。

11. 浙江省

浙江省的海宁长安镇的画像石因为是我国东南沿海最南端出土的汉代画像石而有地域上的重要意义。

12. 河北省

河北省汉代画像石较少，只有在定州一代出现过。

13. 天津市

天津出土的汉代画像石不多，主要在武清、宝坻、蓟县。

14. 北京市

北京市西郊石景山、丰台等地有汉代画像石发现。

15. 甘肃省

甘肃省的成县等地有汉代画像石出土。

（三）分区特征

我国汉代画像石的分布呈现出以下两个特点：第一，相对呈独立区域分布的特点；第二，相对呈中心点集中分布的特点。如河南洛阳、河南南阳、江苏徐州、陕西绥德等这些汉代的政治、经济、文化重镇往往是汉代画像石的集中出产地。出现这种情况绝非偶然，与汉代这些地方的政治、经济、文化以及丧葬礼仪有着极为密切的联系。

在讨论汉代画像石的分区地理特征时，主要讨论的是汉代画像石墓分区的地理特征。从上文可以看出汉代画像石墓主要集中于全国五大地区，但其密度并非完全相等，更不是完全连成一片，即使是全国汉代画像石墓最集中的南阳地区和鲁西南地区，有些地区的发现仍是空白的。至于北京丰台、浙江海宁、贵州金沙、甘肃成县那就更远离汉代画像石墓群了。这种分区情况表明，汉代画像石墓在地理分区上存在着某种地望上的差异。

从另一方面来看，我国汉代画像石的分布还有以下特点。

第一，以汉高祖刘邦的故乡为中心分布。

第二，以汉光武帝刘秀的故乡为中心分布。

第三，主要集中在崇尚画像石墓的地区。

第四，画像石多出土于石灰岩、砂岩山体中。

另外，还有一个共同的特点就是画像石一般分布于交通比较发达、便利的道路或者河流经过地区。比如汉代的沛郡地区就出土了大量的汉代画像石，而沛郡则处于一个交通比较发达的地区，属现今我国河南、安徽、江苏三省北部交界地区。

1. 刘邦故乡及其周边

西汉时，刘邦的故里沛国与周边10个郡国接壤，其北有：徐州刺史部东海郡，鲁国，兖州刺史部山阳郡。其西有：豫州刺史部梁国，兖州刺史部陈留郡、淮阳国，豫州刺史部汝南郡。其南有：扬州刺史部广安国，九江郡。其东有：徐州刺史部临淮郡，楚国。到了东汉时，刘邦故郡沛国与周边10个郡国接壤。其北有：鲁国，兖州刺史部山阳郡、济阴郡。其西有：豫州刺史部梁国、陈国、汝南郡。其南有：扬州刺史庐江郡、九江郡。其东有：徐州刺史部下邳国、彭城国。西汉时的沛郡、国的周边地区，现在分属于山东济宁、枣庄，河南商丘、周口地区安徽蚌埠地区，江苏徐州地区。这一地区实际是我国汉代画像石最集中的地区之一，即：鲁南、豫东、苏北、皖北地区。

这一地区有大批汉代画像石墓出土。其中，山东滕州有曹王、西户口、辛庄、山亭、刘地堆、龙阳店、柴胡庄、大郭、城头村、古庙村、万庄、房庄、后徐庄、官桥、东戈、后台村、城关、庄里、千庄、马王、于村、桑村、王开、小王庄、大岩头、驳山、宏道院、黄家岭汉代画像石墓；嘉祥有：齐山、甸子、洪山、宋山、花林、瞳里村、嘉祥村、狼山屯、徐村、五老洼、西焦城汉代画像石墓；鱼台有武唐汉画像石墓；金乡有朱鲔汉画像石墓；河南夏邑有吴家寺汉画像石。另外，河南虞城、商丘、西华、淮阳也发现有汉代画像石。安徽定远有坝王庄汉代画像石墓；江苏有泗洪曹庄汉代画像石；睢宁有：旧朱集、双沟、张坪汉画像石；邳州有：杨楼、白山、过满山汉代画像石；徐州有：利国、茅村、范山、万寨、义安、汉王、台上、贾汪、青山泉、蔡丘、小黄山、乔家湖、周庄、十里铺、张寨、苗山、洪楼汉代画像石墓。

2. 刘秀故乡及其周边

刘秀（公元前6—公元57年），即汉光武帝，东汉王朝的建立者。"世祖光武帝讳秀，字文叔，南阳蔡阳人，高祖九世孙"。其故乡所在地蔡阳，隶属于荆州刺史部南阳郡，东汉时承袭相沿，治所在宛（今河南南阳市）。蔡阳今属湖北省枣阳市辖区。

《汉书·地理志》载："汉兴，以其郡太大，稍复开置，又立诸侯王国。武

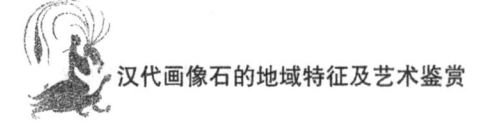

帝开广三边。故自高祖增二十六，文景各六。武帝二十八，昭帝一，讫于孝平，凡郡国一百三。"南阳郡其一，属荆州刺史部管辖，领县三十六。西汉时，南阳有"亦一都会"之称，东汉时，由于南阳为刘秀之故乡，所以又有"帝乡""陪都"之誉。东汉南阳郡的面积虽有三万余平方公里，但出土汉画像石之多为汉代其他郡国所不能比拟的。其中，今南阳市出土的汉画像石墓和收藏、封藏的汉代和新朝画像石均近全国三分之一左右。著名的有卧龙区赵寨、宛城区英庄、方城县东关、唐河县新店、桐柏县安棚、新野县前高庙、邓州市长冢店等汉画像石墓以及卧龙区东关许阿瞿墓记汉画像石。

西汉时，南阳郡与周边六个郡国接壤。其北有司隶部河南郡，其西有司隶部弘农郡，益州刺史部汉中郡，其南有荆州刺史部南郡，江夏郡，其东有豫州刺史部汝南郡。东汉时，南阳郡与周边六个郡国接壤。其北有司隶校尉部河南尹、弘农郡；其西有益州刺史部汉中郡；其南有荆州刺史部南郡，江夏郡；其东有豫州刺史部汝南郡。上述各郡，今分别属于河南省郑州、洛阳、三门峡、许昌、平顶山、漯河地区；陕西省商洛、汉中地区；湖北省襄樊、孝感地区。南阳周边出土的汉画像石墓主要集中于郑州附近的密县、登封、禹州一带，著名的有密县打虎亭汉画像石壁画墓，登封中岳汉三阙。其他地区不多，主要有湖北当阳刘家冢子汉画像石墓等。

郑洛地区、巴蜀地区、徐州地区都是我国出土汉画像石墓较多的地区。如果说河南南阳、鄂西北区是我国出土汉画像石最多的地区，可列全国第一的话，那么，徐州地区与山东、豫东、皖北可列全国第二，陕北、晋西北地区可列全国第三，巴蜀地区可列全国第四，郑洛地区则可名列全国第五。

3. 崇尚画像石墓习俗地区

两汉时期的画像石墓，除了分布于西汉开国皇帝刘邦的故乡沛郡（徐州）周边和东汉开国皇帝刘秀的故乡南阳郡周边以外，其他分散于中原地区的河南尹（河南郑州）、河内郡（河南安阳）、颍川郡（河南许昌、平顶山、漯河）；西北地区的上郡（陕西榆林）、西河郡（山西离石）；西南地区的广汉郡（四川绵阳、德阳）、蜀郡（四川成都、雅安）、犍为郡（四川乐山、宜宾、泸州、内江）、巴郡（重庆）；东南地区的吴郡（浙江杭州、海宁）；北京地区的广阳郡（北京丰台）等。上述郡县不同于汉代两位开国皇帝的故乡——徐州和南阳出土有大批画像石墓，又不同于汉代两位开国皇帝的故都——长安和洛阳一座画像石墓也不出或有个别画像石墓出土，而是处于比帝乡不足，比帝都有余的中间状态，与全国大多数不出画像石墓的地区相比，中间状态也是一个非常的例外。根据两汉考古材料，汉代封建统治阶级一般流行木椁墓、土洞墓、空心砖墓和砖室墓。

两汉时期，墓葬的种类和形式更加丰富，在形式和构造上是有别于先前朝代的，但是，木椁墓、土洞墓、空心砖墓、砖室墓和石室墓等五种墓种从没出现在同一个地区，这说明墓葬与当地的风俗有很大的关系。但是营造画像石墓或崖墓这样的墓，还需要具备一定的石材条件。因此可以推断，上述郡县之所以出土大量的汉代画像石墓，其一是这些地区本身具备建造画像石墓的地理条件，其二可能是这些地区比较崇拜皇帝故乡的墓葬习俗。当然，墓葬具体的营造形式还是由当地的丧葬习俗决定的，这也是我国很多地区具备建造画像石墓的条件但是没有出土画像石的原因。另外，我国很多地区出现了画像崖墓，这种墓的出现应当就是当地习俗与皇帝故乡的习俗相结合的产物。王符《潜夫论·浮侈篇》云："工匠雕刻，连累日月，会众而后动，多牛而后致。重且千斤，功将万夫。而东至乐浪，西达敦煌，费力伤农于万里之地。"从一个侧面反映了内地与边远地区封建统治者对石室墓，或对画像石室墓疯狂追求的情景。

4. 蕴藏石灰岩砂岩体地区

石灰岩、砂岩等材料是建造画像石墓的基本条件，没有岩石作为雕刻的主体，画像石墓便无从谈起。画像崖墓一般建造在岩层比较厚的山崖中，而且崖面比较宽、视野比较开阔，另外，建造崖墓还要考虑运送的方便性问题。从目前发现的汉代画像石墓和崖墓来看，其建造时使用的基本石料大部分都是石灰岩，个别使用的是砂岩。

河南省南阳市出土了很多的画像石，这其中，大部分石墓使用的石料就是石灰岩，只有少量石墓使用的是砂岩，这与南阳当地的地貌也有很大的关系。南阳处在我国第二阶梯地貌和第三阶梯地貌的连接地带，有山地、丘陵、平原等不同的地貌。其中山地包括北部的伏牛山，西南部的淅川岩溶低山与东部的桐柏山。在这个区域里，除社旗、新野县外，其他各县均分布有丰富的石灰岩山体。产出层位为震旦纪、寒武纪，奥陶系、泥盆系、石炭系及秦岭群雁岭沟组和二郎坪群大庙组。在南阳市的蒲山、邓州市的杏山等地蕴含着大量、优质的水泥灰岩。另外，在南阳市的遮山、唐河县的蓼山等地蕴含着丰富的可以用来雕刻的石材。而且，南阳地区的岩体一般没有覆盖，大多裸露在地表，这对开采来说也是一种很大的便利。

山东省是汉代画像石出土量表较多的一个省，主要集中在山东的东部和南部

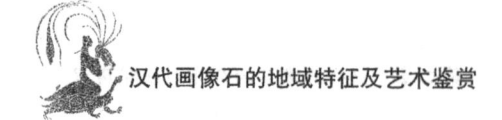

地区，主要是因为这些地区也蕴含着丰富的石灰岩，如曲阜的九龙山、临沂的银雀山和肥城的陶山等。山东境内的山体为建造画像石墓提供了有利的岩石环境，而考古工作者们在山东发现的汉代画像石墓也绝大部分位于富含石灰岩的山体周围。

我国苏北地区出土的汉代画像石也主要使用石灰岩和砂岩两种材料，其中，石灰岩质地稍硬，呈青灰色，约占80%以上；砂岩质地较松，略呈黄褐色，比数不足20%。苏北地区发现的汉代画像石墓主要位于徐州至连云港一带的石料充足的山区，而其他地区由于石料比较匮乏，所以画像石墓较少。

河南地区出土的汉代画像石的主要石材同样是石灰岩，出产于商丘芒砀山。商丘地处黄淮平原，地广石少，只有芒砀山区十几座突兀的山头，虽然高不过百米，但石质青灰，非常适合用来雕刻。

石灰岩和砂岩是巴蜀地区汉画像石的主要材料。画像崖墓、画像石棺、画像岩棺所选择的石料或山体多为中粒长石岩屑石英砂岩。四川南部宜宾西南的乐山、重庆周边都拥有发育丰富的红色砂岩。画像石墓选择的石料则多为石灰岩，成都、重庆周边均不乏这样的石料。

陕北、晋西北汉画像石所采用的石料主要为砂岩质的页岩，呈红褐色或绿灰色。陕北绥德、山西离石地处吕梁山区，画像石材料十分丰富，画像石墓一般分布于砂岩山体周边。

其他地区的汉画像石墓，如郑州密县打虎亭汉画像石墓，浙江海宁汉画像石墓，都处于石灰岩山体不远的地方。周口淮阳（东汉陈国）汉墓出土的画像石是一个例外。如果该画像石出自盛产画像石材料的商丘（东汉梁国）地区芒砀山，那么原材料距墓地则约180公里之遥，说明这是一位崇尚画像石墓死者所为，同时说明，这是周口地区远离画像石墓的原因之一。

二、历史背景

汉代画像石墓的形成和分布与当时的经济、文化、地理环境等有很大的关系。通过分析五个分布区的位置可以发现，它们都是汉朝当时经济比较繁荣的地方，有的是都城，有的是交通要道。

（一）五个分布区背景

第一个区域在先秦时期主要是齐国和鲁国所在地。齐鲁之地本就是"通鱼盐之利、而人物辐凑"的非常富饶的地方，而且是儒家思想的发源地，具有浓厚的文化氛围。到了两汉时期，青、徐、兖、豫四地也是当时非常发达富裕的地方。以现今的山东地区来说，其冶铁、制盐、丝织三项是西汉时期产量最多的地区。西汉时期，汉朝政府在全国范围内设立了四十九区官方冶铁处，其中有十二处位于今山东省境内，这足以说明汉朝政府对山东地区的重视；汉朝政府还在山东地区设立了十一处制盐的地方，其数量接近当时全国制盐地区数量的三分之一。另外，汉朝时期，临淄地区用来织造的工人就有数千人，足以显示当时这一区域织造技术的先进。

由于儒家文化氛围浓厚，这一地区也产生了很多高级政府官员，为汉朝政府的建设、延续做出了很大贡献，"汉兴以来，鲁东海多至卿相"。现在的江苏省徐州市，在汉朝时称为彭城，而且西汉时还是彭成国的都城，同时也曾经是西楚的都城，说明徐州当时的政治、经济、文化都非常繁荣，这也成为徐州地区出土大量汉代画像石的原因。我国较早发现的汉代画像石很多出于徐州地区。徐州水路交通发达，两汉时期，很多诸侯王其妻子孙都居住于此，因而留下了数量众多的汉代画像石墓。汉明帝是东汉的第二位皇帝，在他在位时期，楚王刘英就在徐州"诵黄老之微言，尚浮屠之仁祠"，因此，当时的徐州也是道教和佛教非常兴盛的地区，这也为连云港的孔望山佛和道摩崖造像群的诞生打下了一定的思想基础。

第二个区域主要是汉朝时期的南阳郡地区。东汉时期，南阳郡曾是第一大郡。汉朝时期，宛城是南阳郡的治所，也是当时的交通要道。汉代初期，宛城有很多官方设立的手工业场所，是当时非常重要的贸易集散地。西汉中期，宛城已经是全国非常著名的工商业城市。汉朝时期，南阳有两位非常著名的官员，一个是西汉时期的召信臣，一个是东汉时期的杜诗。他们在南阳任太守时爱民如子、兴修水利，为南阳的发展做出了很大的贡献，使当时的南阳非常繁荣，因此南阳人也将两位官员称为"召父"与"杜母"以示爱戴。

南阳是汉光武帝刘秀的故乡，深受东汉历代皇帝的重视。刘秀登基前，作为皇室后裔，在南阳有很大的势力。王莽篡位期间，刘秀以家族和地方豪族势力为核心，组成了自己的军队，最终消灭了各方势力，并在登基后励精图治，开创了"光武中兴"的局面，为汉朝的延续积蓄了力量。刘秀在位期间，非常重用南阳出身的大臣，而且很多都是朝廷重臣。另外，刘秀麾下的云台二十八将中，有十二位出自南阳。东汉时期，汉朝廷也非常喜欢与南阳的豪族联姻，以加强对南阳的统治。据统计，东汉时期，有五位皇后、一位贵人是南阳人，被封在南阳郡的公主有七人之多①。由于刘秀的缘故，南阳可以被称为"帝乡"。通过东汉朝廷的扶持，南阳在东汉时期也得到飞速发展，经济重量、人口数量都得到显著提升。由于战乱等原因，东汉时期的总人口明显少于西汉时期，但是南阳郡却不同，东汉时期南阳郡的人口反而要比西汉时期多，这足以说明南阳的繁华。

第三个区域主要是汉朝时期的上郡和西河郡两地的部分地区。在当时，上郡和西河郡都是比较偏远的地区，其经济、文化水平与中原地区都有很大的差距，但是，这两个地区在相当长的时间内都是汉朝的军事重地，也是中原地区通往西方和北方的交通要道。因此，这一地区也有部分汉代画像石墓分布，但是数量上与其他地区相比则显得小巫见大巫。作为军事重地，东汉政府长期在此地施行屯田政策，这也使此地的农牧业得到很大发展。

第四个区域主要是先秦时期的巴蜀地区。巴蜀地区是秦国统一天下的重要基础，因为巴蜀为秦国提供了强大的粮食支撑，同时也为秦朝往南扩张提供了便利的通道。秦昭王时期，李冰被任命为蜀郡太守，他主持修建的都江堰水利工程为蜀地成为"天府之国"打下了非常稳固的基石，使成都地区"无水旱灾，每岁常熟"。到了汉朝，巴蜀地区"民食稻鱼，亡凶年忧，俗不愁苦"，正式成为"天府之国"。汉朝时期，汉朝政府非常重视巴蜀地区的文化教育工作，因此，巴蜀地区也出现了很多的文学大家。巴蜀地区地理位置优越，即使在东汉末年战乱期间也很少受到战争的侵扰，因此，一直到蜀汉时期，这一地区一直都可安稳地建造汉代画像石墓。

第五个分布区是河南洛阳区域，这个区域自古以来就是重要的经济文化产地，有着悠久深厚的文化传统，因此也集中分布着汉代画石像。

上述五个地区都是经济相对比较繁荣的地区，因此具备建造石画像墓的经济基础。此外，这些分布区内广泛分布的石灰岩和砂岩山丘，为画像石提供了取之不尽、用之不竭的原料；而汉武帝推行的"盐铁官营"政策，在重要产铁地区设置"铁官"，"不出铁者，置小铁官，使置所在县"，极大地推动了冶铁技术的发展，从而为石料的开采和画像石的雕造提供了得心应手的工具②。

（二）汉代社会经济、文化的发展

前文提到，经济、地理是汉代画像石墓形成的非常重要的条件，但是，这些条件并不是全部条件。通过对汉代画像石的介绍可以看出，汉代画像石墓是当时非常流行的一种墓葬方式，但是这种墓葬方式在后代却没有再次发展和流行而逐

---

① 肖亢达.汉代画像石研究[M].北京：文物出版社，1987.
② 中国社会科学院考古研究所.满城汉墓发掘报告[M].北京：文物出版社，1980.

渐退出历史舞台，这说明汉代画像石墓与汉朝当时的社会风气有很大的关系。这种社会风气就是汉朝当时非常推崇厚葬。

我国自古以来就是农业社会，人们对土地有特殊的感情。受农耕文化的影响，我国古代人们非常重视丧葬礼仪，因此，我国历代王朝都喜欢厚葬。但是，两汉时期是我国历史上厚葬程度最高的朝代。当然，任何朝代的厚葬都与死者的身份、地位等有很大的关系。

汉朝初期，国家需要从秦末战乱中逐渐恢复。因此，当时政府都比较提倡节俭，推行薄葬。当时"民无盖藏，自天子不能具醇驷，而将相或乘牛车"[①]。尤其是汉文帝刘恒，非常重视百姓的疾苦，处处"以示敦朴，为天下先。治霸陵（文帝的陵墓）皆以瓦器，不以金银铜锡为饰，不治坟，欲为省，毋烦民"[②]。临终还留下遗诏，强调"当今之时，世咸嘉生而恶死，厚葬以破业，重服以伤生，吾甚不取"。由此可以看出，汉文帝非常注重节俭，而且引领社会节俭的风气，认为厚葬会破坏国家的基业。1972年挖掘的马王堆一号墓应当就是汉文帝时期埋葬的，墓中没有其他时期墓中常见的金、银、玉器，只有一些漆器和丝织品，可以说是非常简单的。如果这座墓像一般的西汉木椁墓一样，椁室周围没有白膏泥保护层，墓中的有机物全部腐朽的话，恐怕除了少量陶器，什么随葬品都不会留下。西汉初期的薄葬从这座墓可见一斑。

到汉武帝时期（前140—前87年），西汉社会的政治、经济、文化等都得到了空前的发展，加之统治阶级也比较提倡厚葬，导致整个汉朝逐渐刮起厚葬之风。究其原因，主要有以下两个方面。

第一，汉武帝时期的汉朝已经过了多年的"休养生息"，社会经济得到了长足的发展与进步，而且这种繁荣景象已经超过了之前历史上的任何时期。根据《汉书·食货志》记载"至武帝之初七十年间，国家亡事，非遇水旱，则民人给家足，都鄙廪庾尽满，而府库余财。京师之钱累百巨万，贯朽而不可校。太仓之粟陈陈相因，充溢露积于外，腐败不可食。众庶街巷有马，仟佰之间成群，乘牸牝者摈而不得会聚。守闾阎者食粱肉；为吏者长子孙；居官者以为姓号"[③]。经济的发展使整个国家都比较富裕，人民有足够的物质基础对死者进行厚葬。

第二，汉武帝比较尊崇儒家思想，而儒家思想又比较注重"仁、义、礼、智、信"，这为厚葬风气的形成奠定了思想基础。在汉武帝之前，汉朝比较倡导黄老之学，倡导与民休戚与共，力图达到无为而治。到汉武帝时期，这种局面被打破了，以董

---

① （东汉）班固；王志新主编．汉书[M]．北京：团结出版社，2018．
② （西汉）司马迁；杨燕起译注．史记[M]．长沙：岳麓书社，2019．
③ （东汉）班固；王志新主编．汉书[M]．北京：团结出版社，2018．

仲舒为代表的儒家学派代表人物得到汉武帝的重用。从此，儒家思想开始成为中国社会的主流意识形态。在儒家思想中，"仁"是第一位的，与"仁"相伴的就是"孝"，"孝"能够体现一人的"仁"，而厚葬双亲也被看作"孝"的主要体现。正是这种思想观念的变化使"厚葬"这种社会风气逐渐在社会上流行，而且成泛滥之势。

在思想意识的引导下，从汉武帝继位的第二年即建元二年（前139年）开始直到其死去的后元二年（前87年），用了三年的时间，在今陕西省兴平市为自己营造了规模巨大的陵墓——茂陵。陵园内外，不仅建有庙堂（龙渊庙）及寝殿等规模巨大的祭祀性建筑，还在陵园的东南方建造了供其灵魂游乐的周长五里的"白鹤馆"。根据近年的考古调查，茂陵的封土高达46.5米，底部每边长230米，顶部每边长40米，是西汉规模最大的帝陵。据说汉武帝入葬时，由于随葬品过多，最后墓室都容纳不下了①。王莽末年，农民起义军掘开了茂陵，成千上万的起义军士兵不停地从墓室中向外搬运随葬品，经数十天之久，尚未搬出墓中随葬品的一半。由此可以想象出茂陵的随葬品多到了何种程度。不仅如此，汉武帝还为自己的亲近大臣在茂陵周围建造了巨大的陪葬墓。例如，元狩六年（前117年），在反击匈奴的战争中立下赫赫战功的青年军事家、汉武帝最宠幸的外戚将领、骠骑将军霍去病死后，根据汉武帝的命令，在茂陵以东一公里的地方为他建造了封土外形像祁连山的巨大陪葬墓。在封土表面，散置着"马踏匈奴"为代表的各种动物形象的大型石雕，以纪念霍去病的不朽功勋。

西汉时期最极端的厚葬事例是大将军霍光的厚葬。宣帝地节二年（前68年），这位权倾一时的三朝元老死后，"上及皇太后亲临光丧。太中大夫任宣与侍御史五人持节护丧事。中二千石治莫府冢上。赐金钱、缯絮，绣被百领，衣五十箧，璧珠玑玉衣，梓宫、便房、黄肠题凑各一具，枞木外臧椁十五具。东园温明，皆如乘舆制度。载光尸柩以辒辌车，黄屋左纛，发材官轻车北军五校士军陈至茂陵，以送其葬。谥曰宣成侯。发三河卒穿复土，起冢祠堂，置园邑三百家，长丞奉守如旧法"②。也就是说，霍光是蒙汉宣帝恩许，用皇帝葬制埋葬的。在当时，对臣下来说，这已是绝无仅有的莫大荣耀。但霍光的妻子仍不满足，在未经皇帝允许的情况下，擅"改光时所自造茔制而侈大之。起三出阙，筑神道，北临昭灵，南出承恩，盛饰祠室，辇阁通属永巷，而幽良人婢妾守之"③。上行下效，最高统治阶层的这种奢侈葬俗之风一起，那么一些京城的达官显贵以及各州郡的豪族

---

① 刘庆柱，李毓芳.西汉十一陵[M].西安：陕西人民出版社，1987.
② （东汉）班固；王志新主编.汉书[M].北京：团结出版社，2018.
③ （东汉）班固；王志新主编.汉书[M].北京：团结出版社，2018.

士绅们自然也会紧随统治层的步伐。逐渐地，这种厚葬习俗开始风靡整个汉朝时代。人们选择厚葬，首先要建造一个牢不可破的墓地，以防被人挖掘。因此，建造墓地时，人们都会选用坚硬而不腐朽的石材，因为石材是比木材和砖瓦更为优良的建筑材料。早在汉武帝时期，分封到各地的诸侯王就已开始穿山为陵，这种建造方式在农耕时代是非常耗时耗力的，需要有大量的人力和财力支撑。

西汉时期，有很多王陵都是穿山建造的，如徐州的楚王陵、芒砀山的梁王陵、满城的中山靖王墓等，这些墓地建造规模都比较宏大，属于隧道式的石式墓。到了西汉中晚期，人们已经开始用石椁来代替木椁了。为了使石椁也能像木椁一样美观，人们开始借用漆棺画或帛画的表现形式来装饰石椁，也就是将画刻在石椁上，而且除了刻在石椁表面以外还会刻在石椁里面。墓地一般都有地上建筑和地下建筑，最开始的画像都是刻在地下墓室中的，后来，人们开始将画像也刻在地上建筑中，这样，画像石开始在整个汉朝时代受到推崇。

东汉时期，厚葬之风比西汉时期更甚。东汉的统治者将"孝"看作非常重要的选拔官员的标准，在这种思想的带动下，人们更加疯狂地崇尚厚葬，而且这种厚葬已经不仅仅是为了安葬死者，更多是为了表现生者之孝，让生者可以得到"孝"之名。人们争相"崇饬丧纪以言孝，盛飨宾旅以求名""京师贵戚，郡县豪家，生不极养，死乃崇丧。或至刻金镂玉，檽梓楩柟，良田造茔，黄壤致藏，多埋珍宝、偶人、车马，造起大冢，广种松柏，庐舍祠堂，崇侈上僭。宠臣贵戚，州郡世家，每有丧葬，都官属县，各当遣吏赍奉车马、帷帐，货假待客之具，竞为华观"。对这种厚葬作法，"子为其父，妇为其夫，竞相仿效""东至乐浪，西至敦煌，万里之中，竞相用之"[①]。为了得到"孝悌"的虚名，有的人穷其一生的财力厚葬双亲，例如，东汉著名政论家崔寔本来家道殷实，其父死时，"剽卖田宅，造冢至，立碑颂。及终葬，资产尽，以故穷困"[②]。崔寔对此事刻骨铭心，终生反对厚葬，对当时的厚葬陋习，曾发出"是可忍，孰不可忍"的愤怒谴责。当时的厚葬，已经达到了"法令不能禁，礼义不能止"的程度。在汉朝政府的推动下，厚葬之风在东汉时期达到了极点。而在这种极盛的厚葬风气的带动下，画像石的发展也到顶峰。目前已经发现的汉代画像石，百分之九十都是东汉中晚期的作品，这一点正是汉代画像石发展极盛期的反映。

至于汉代画像石发展的下限，各分布区的情况略有不同。汉灵帝光和七年（184年），东汉时期规模最大的农民起义——黄巾起义爆发。在起义军的沉重打击下，

---
① （南朝宋）范晔；李立、刘伯雨选注.后汉书[M].太原：山西古籍出版社，2005.
② 同上．

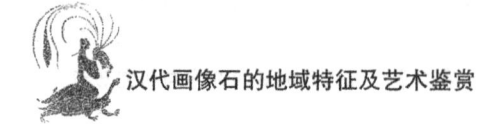

腐朽不堪的东汉王朝迅速土崩瓦解，走向灭亡。第一、第二和第五汉代画像石分布区相继沦为战场。

第一分布区是当时的主要战场，特别是徐州地区，在农民起义军被镇压以后，曹操、吕布、刘备、陶谦在这里反复争夺，祸乱连年。汉献帝初平四年（193年），曹操攻陶谦于徐州，屠杀百姓数十万，泗水尽赤，路途无复行人。因此，这一分布区汉代画像石的下限，总体上说应以光和七年为断，个别地方，如徐州周围地区可能晚到初平四年，山东东部的诸城等地点的汉代画像石有可能晚到献帝时期。

第二分布区的南阳一带也是起义军与政府军争夺的主要战场，起义军在这里杀守令、占宛城，顽强抗击政府军达十个月之久。其后，这一带又成为曹操与张绣、刘表等割据势力角逐拼杀的屠场。在这种战乱频繁、经济凋敝的条件下，人们已不可能再建造耗资巨大的画像石墓。

第五分布区地处东汉王朝的京畿范围，自然是起义军攻击的首要目标，因此最先受到战乱影响，后又遭到董卓军队的大肆屠杀和彻底破坏，遍地荆棘，已丧失了汉代画像石存在和发展的最基本条件。通过考古发现，第一区域和第二区域中有一些魏晋时期墓室使用的是汉代时期旧的画像石建造的，因此，墓室中很多画像都没有任何规律性，比较杂乱无章。这一现象，说明魏晋时期这两个分布区早已停止画像石墓、祠堂和墓阙的营造，一些旧有的墓地石祠堂和石墓阙已经倾圮散置丛莽之中，以致人们可以随意取用这些散乱废置的汉代画像石来修造新墓。这几个分布区所发现的汉代画像石的纪年刻铭也证明了这一点。目前，在这三个分布区共发现有纪年刻铭的画像石（包括纪年画像石墓和祠堂、石阙）近四十种，大多数纪年属东汉中晚期，黄巾起义以后的纪年画像石只有一种，即山东滕州董家村发现的初平元年（190年）封墓记画像石，说明黄巾起义后，画像石在这三个分布区已基本停止了发展。

第三分布区的汉代画像石几乎全部是东汉中晚期的作品。如前文所述，此区域主要是现今陕西北部和山西西部地区，这两个地区相互连接又有一定的不同。汉顺帝永和五年，东汉政府迫于匈奴的压力将西河郡治所迁到离石，将上郡治所迁到夏阳，而这两郡原有的属地都归匈奴所有，因此可以推断，最晚到永和五年，这一区域的汉代画像石墓的建造已经终结。目前，我国陕北区域共发现十一座纪年汉代画像石墓，最早的纪年是和帝永元二年（90年），最晚的纪年是顺帝永和四年（139年），可知永和五年后，画像石在这一地区已经绝迹。在晋西地区，目前共发现了三座纪年画像石墓，均属东汉晚期，最早的纪年为桓帝和平元年（150年），最晚的纪年为桓帝延熹四年（161年）。从这一情况看，西河郡治所迁到离石之后,汉代画像石才开始在这一带逐渐发展,但是最晚到光和七年也就是黄巾叛乱的那一年,汉代画像石基本就在这一带绝迹了。第四分布区的情况前已述及,其画像石的下限可晚到蜀汉时期。总之,画像石是两汉时期独有的墓葬现象,伴随着汉朝的衰亡而凋落,但为中华民族留下了宝贵的文化遗产。

第二节 汉代画像石的研究历程

汉代画像石可以看作汉代特有的丧葬文化,因为画像都是雕刻在墓室、墓阙、庙阙或墓地祠堂的石材上面,而这些建筑或者器物都属于丧葬用品。如果将汉代画像石看作一种艺术的话,那么它属于丧葬艺术。在我国古代,祭祀和战争是非常重要的事情,因此,很多物质和精神方面的非常优质的东西都是最先用于这两方面。从这个角度来看,作为祭祀用的画像石也可以看作汉代美术艺术的最高点。汉代画像石的光芒随着汉王朝的兴衰而逐渐辉煌和暗淡,在中国历史上风靡了300多年。汉代画像石的产生标志着我国古典美术艺术的发展到了一个新的时期,而且深深影响着后世美术艺术的发展。在中华民族的美术发展史上,汉代画像石以超高的艺术成就占据着非常重要的位置。汉代画像石广泛分布于我国各地,以描绘现实生活为主,题材比较广泛,涉及汉朝时期人们生活的不同方面,同时还用浪漫主义的表现手法生动地表达了人们的理想和追求。

也可以说,汉代画像石是中华民族美术史上的一朵奇葩。随着人们对汉代画像石的研究越来越深入,汉代画像石已经成为我国研究汉代历史和古代美术的重要资源。总体上看,人们对汉代画像石的研究可以分为以下几个时期。

一、金石学对汉代画像石的著录

(一)两汉魏晋南北朝时期汉画像石著录

汉代,是我国历史上流行画像石墓以及墓域内流行画像附属建筑物的时代。遗憾的是在两汉史籍文献中,至今没有见到直接涉及画像石的记载,间接的至少有以下诸条:

其一是记载墓室内图画有人物、肖像的。如"建安六年(201年)(赵歧)卒,先自为寿藏,图季札、子产、晏婴、叔向四像居宾位。又自画其像居主位,皆为赞颂"[1]。唐李贤注,"寿藏谓冢坊也,称寿者取其久远之意也。犹如寿宫、

---

[1] (南朝宋)范晔;李立、刘伯雨选注.后汉书[M].太原:山西古籍出版社,2005.

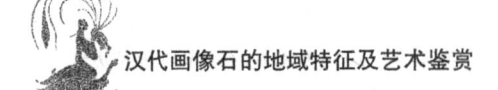

寿器之类"。这就是说，东汉末年，赵歧在孔融的举荐下曾任太常，年90时病逝。赵在临终前已营建了冢墓，在墓室中画有季札、子产、晏婴、叔向四人肖像，具宾位，自画的肖像，放置在墓室中的主要位置上，这一做法受到了大家的赞颂。赵歧墓虽然不能证明一定是画像石墓，但在墓室中图画是毋庸置疑的。

其二是记载营建冢墓、工匠雕刻的。如："今者京师贵戚，必欲江南檽梓，豫章之木。边远下土，亦竞相放效。夫檽梓、豫章，所出殊远。伐之高山，引之穷谷，入海乘淮，逆河溯洛。工匠雕刻，连累日月。[1]"这里所说的"工匠雕刻，连累日月"，虽不能完全证明是对营建画像石墓的真实描写，但"雕刻"一词当指雕刻木、石一类建筑材料则无大疑问。

最早著录汉画像石的，大抵是晋人戴延之。他在《西征记》一书中说："焦氏山（北数山，有汉司隶校尉）鲁恭穿山得白蛇白兔，（不葬，更葬山南，凿而得）金，故曰金乡山，山形峻峭，冢（前有石祠石庙，四壁皆）青石隐起。自书契以来，忠（臣、孝子、贞妇、孔子）及弟子七十二人形象，像边皆（刻石记之，文字分）明，又有石牀（床立长八尺，磨莹鲜明，（叩之声闻远近，时）太尉从事中郎傅珍（琢）之诣议参军周安穆拆败石牀，各取去（头），为鲁氏之后所讼，二人并免官，焦氏山东即金乡山也。[2]"

郦道元是南北朝时期北魏地理学家。他最大的成就就是通过亲身考察各地的风土人情、地貌等撰写了《水经注》一书。《水经注》以《水经》为纲，记载了大大小小1252条河流，是一部非常重要的地理名著。其中，每条河流的发源、流向、变化等等都力求详细、精确。另外，《水经注》也记载了与不同水系有关的汉代画像石方面的信息

1. 汉太尉乔玄碑及石兽

《水经注·睢水》："城北五六里，便得汉太尉乔玄墓。冢东有庙，即曹氏孟德亲酹处。操本微素，尝候于玄，玄曰：天下将乱，能安之者其在君乎？操感知已。后经玄墓，祭云：操以顽质，见纳君子，士死知已，怀此无忘，又承约言，徂没之后，路有经由，不以斗酒只鸡，过相沃酹，车过三步，腹疼勿怨。虽临时戏言，非至亲笃好，故肯为此辞哉！凄怆致祭，以申宿怀。冢列数碑，一是汉朝群儒英才哲士，感乔氏德行之美，乃共刊石立碑，以示后世。""一碑是陇西枹罕，北次陌硒守长鹭，为左尉汉阳獂道，赵冯孝高，以乔公尝牧凉州，感三纲之义，慕将顺之节，以为公之勋美，宜宣旧邦，乃树碑颂，以昭令德。光

---

[1] （南朝宋）范晔；李立、刘伯雨选注. 后汉书 [M]. 太原：山西古籍出版社，2005.
[2] （北魏）郦道元. 水经注 [M]. 北京：光明日报出版社，2014.

和七年,主记掾李友字仲僚作碑文,碑阴有石(右)鼎文,建宁三年拜司空。又有中鼎文,建宁四年拜司徒,又有左鼎文,光和元年拜太尉,鼎名文曰:故臣门人,相与述公之行,咨度体则,文德铭于三鼎。武功勒于征钺,书于碑阴,以昭光懿。又有钺文,称是用镂石假象,作兹征钺军鼓,陈之于东阶,亦以昭公之文武之勋焉。庙南列二石柱,柱东有二石羊,羊北有二石虎。庙前东北,有二石驼,驼西北有二石马,皆高大,亦不甚雕饰。唯庙颓构,粗传遗堵,石鼓仍存,钺今不知所在。①"

2. 汉东平宪王碑及阙

《水经注·汶水》:"水出无盐城东北五里阜山下,西迳无盐县故城北,水侧有东平宪王仓冢,碑阙存焉。"

《水经注·洭水》:"洭水之左,有骑城,周回二里余,高一丈六尺,即骑亭也。县,故楚邑也。秦以为县,汉高帝十一年封黄极忠为侯国。县南有黄家墓,墓前有双石阙,雕制甚工,俗谓之黄公阙。黄公名尚,为汉司徒。②"

3. 汉南阳太守秦颉墓及碑

《水经注·洭水》:"其水历大城中,迳汉南阳太守秦颉墓北,墓前有二碑,颉,都人也,以江夏都尉,出为南阳太守,迳宜城中,见一冢东向,颉住车视之,曰:此居处可作冢,后卒于南阳,丧还至昔住车处,车不肯进,故吏为市此宅葬之,孤坟尚整。③"

4. 汉日南太守胡著墓及石祠

《水经注·沘水》:"沘水又西南,与南长坂门二水合,其水东北出湖阳东隆出(山),山之西侧,有汉日南太守胡著碑,子珌骑都尉,尚湖阳长公主,即光武之伯姊也。庙堂皆以青石为阶陛,庙北有石堂,珌之玄孙桂阳太守砀,以延熹四年,遭母忧,于墓次立石祠,勒铭于梁,石宇倾颓,而梁宇无毁,盛弘之以为樊重之母畏雷室,盖传疑之谬也,陆(隆)山南有一小山,山坂有两石虎,相对夹隧道,虽处蛮荒,全无破毁,作制甚工,信为妙矣。世人因谓之为石虎山。④"

5. 汉敬侯樊重墓及石庙

《水经注·比水》:湖阳"东城中有二碑,似是樊重碑,悉载故吏人名,司马彪曰:仲山甫封于樊,因氏国焉。爰自宅阳,徙居湖阳,能治田殖,至三百顷,

① (北魏)郦道元.水经注[M].北京:光明日报出版社,2014.
② (北魏)郦道元.水经注[M].北京:光明日报出版社,2014.
③ (北魏)郦道元.水经注[M].北京:光明日报出版社,2014.
④ (北魏)郦道元.水经注[M].北京:光明日报出版社,2014.

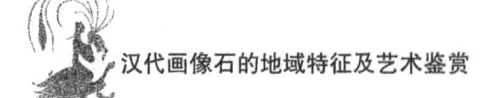

起庐舍，高楼连阁，波陂灌注，竹木成林，六畜放牧，鱼蠃梨果，檀棘桑麻，闭门成市，兵弩器械，赀至百万，其兴工造作，为无穷之巧不可言，富拟封君，世祖之少数归外氏，及至长安，受业亲送，甚至世祖即位，追爵敬侯，沼湖阳为重立庙，置吏奉祠，巡祠章陵，常幸重墓。①"

6. 汉若令樊萌和汉中常侍樊安墓及石庙

《水经注·比水》：湖阳"城之东南，有若令樊萌，中常侍樊安碑，城南有数碑无字，又有石庙数间，依于墓侧，栋宇崩毁，惟石壁而已，亦不知谁之胄族矣。②"

7. 汉安邑长尹俭墓及石庙石阙石碑石兽石碣石柱

《水经注·瀙水》："彭水迳其西北，汉安邑长尹俭墓东，冢西有石庙，庙前有两石阙，阙东有碑，阙南有二狮子相对，南有石碣二枚，石柱西南有两石羊，中平四年立。"

8. 汉张平子墓及石碑

《水经注·淯水》："又迳西鄂县南，水北有张平子墓，墓之东侧，坟有平子碑，文字悉是古文，篆额是崔瑗之辞，盛弘之郭仲产，并云夏侯孝若为郡，薄其文，复刊碑阴为铭，然碑阴二铭，乃是崔子玉及陈翕耳，而非孝若，悉是隶字，二首并存，尝无毁坏。又言墓次有二碑，今唯见一碑，或是余夏迳驿途疲而莫究矣。"

《水经注》里还有一些记载，如"汉梧台石社碑"，从著文到碑文皆看不出与画像之间的关系，但后人考证认为此碑是一通画像碑。《水经注·淄水》云："系水又北迳临淄城西门北，而西流迳梧宫南，昔楚使聘齐，齐王飨之梧宫，即是宫矣。其地犹名梧台里，台甚层秀，东西一百余步，南北如减，即古梧宫之台，台东即'阙子'所谓宋愚人得燕石处。台西有石社碑（一作石柱碑），碑犹存。汉灵帝熹平五年立，其题云梧台里。③"

（二）唐宋时期汉画像石著录

郦道元之后至北宋之前，未见当时人有关于汉画像石的记载，见于后世著录中的只有二则。

其一，关于孝堂山石室画像。《金石录》卷二二"北齐陇东王感孝颂"载：

---

① （北魏）郦道元.水经注[M].北京：光明日报出版社，2014.
② （北魏）郦道元.水经注[M].北京：光明日报出版社，2014.
③ （北魏）郦道元.水经注[M].北京：光明日报出版社，2014.

"右北齐陇东王感孝颂。陇东王者胡长仁也，武平中为齐州刺史，道经平阴，有古冢，询访耆旧以为郭巨之墓，遂命僚佐刻以颂焉。墓在今平阴县东北官道旁小山顶上……冢上有石室，制作工巧，其内镌人物车马，似是后汉时人所为。①"另有"郭巨之墓，马骦交阡，孝子之堂，鸟翅衔阜"之说。北齐始于文宣帝高洋550年，灭于幼主高恒577年。"武平"为后主高纬年号（570—575年）。此文表明北齐时陇东王胡仁出任齐州刺史时，"询访耆旧"，已看到古冢，并铭"刻以颂焉"。但他指古冢为郭巨之墓并无根据，只不过是附会汉代孝子郭巨分金与两弟，独取母供养的故事罢了。《陇东王感孝颂》中提到的"石室"，即"世谓之孝子堂"，早在郦氏《水经注》之前已见著于石祠内题记。一是"申上龙以永康二年二月二日来此堂感斯人孝至"。"永康"是十六国后燕容宝的年号（二年为公元397年），或为西秦乞伏炽磐的年号（二年为公元413年）；二是"太和三年三月廿五日，山茌县人王天明、王群、王定房三人等在此行到孝堂造此字"。"太和三年"为三国魏明帝曹叡229年，或东晋废帝司马奕368年，或北魏孝文帝元宏479年的年号；其三是"景明二年吴□□古来至此孝子堂"。景明为北魏宣帝元恪的年号，二年为公元501年。由此说明，至迟在公元5世纪初此处已称为孝子堂。1981年秋，山东蒋英炬、吴文祺以及北京信立祥先生对昔平阴县，今济南市长清区孝里铺村南的孝堂山进行了20多天实地考察，对石祠建筑及画像、铭刻题记做了翔实的测绘、记录、传拓和临摹，推测孝子堂的名称起由甚早，可能在汉魏时期已闻名内外。

其二，关于武梁祠画像石刻拓本。王昶《金石萃编》引《曝书亭集》："右汉从事武梁祠堂画像，传是唐人拓片，旧藏武进唐氏，前有提督江河淮海兵马章，后有襄文公顺之暨其子鹤徵私印。"王昶案语云："本朝所传拓本一册称为唐拓者，康熙年间为海宁查氏仲安所得，前后题记极多，亦间有考证……后为扬州汪雪礓所藏。吴门陆贯夫先生就此册手摹一本。翁阁学覃溪闻雪礓本，索观不可得，后得陆贯夫摹本……此乾隆癸卯事也。"又云："未几，雪礓所藏唐拓亦归黄同知（黄易），同知复钩摹画像，并录诸跋，锓板行世。②"若唐拓本属实，那么意义非凡：首先，已知唐代就有人发现了武梁祠石室画像；其次，该"拓本一册"是以汉画像石上的文字为主，"又间有考证"，其考证如亦出自唐代人手，即表明唐代已有人对汉代画像石的内容作过初步的研究。就拓取和研究汉代画像石而言，这也是有据可查的最早的一次记录。

---

① （宋）赵明诚.金石录[M].济南：齐鲁书社，2009.
② （清）王昶.金石萃编[M].上海：上海古籍出版社，2020.

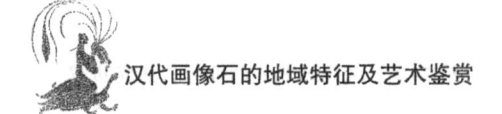

宋代是我国具有一定学术系统的金石学产生的时代，出现了一批金石学家，并遗下了一批宝贵的对古代遗迹的考察和古代遗物研究的著作。

1. 欧阳修与《集古录》

欧阳修生于北宋真宗景德四年（1007年），卒于北宋神宗熙宁五年（1072年），著名的历史学家、文学家，平生收集金石铭刻真迹拓本，并装裱成轴，多至千卷。《集古录》即《集古录跋尾》，作者自序成书于嘉祐八年（1063年）癸卯，共10卷，是我国现存最早的研究金石铭刻的著作。书中收录周秦至五代的铜器铭文和碑版本跋尾凡400余篇，以碑版为主，铜器仅20件。熙宁二年（1069年）其子欧阳棐作集古录目，内容包括欧阳修家中千卷之藏。《集古录》中有"后汉武班碑""后汉鲁峻碑""后汉武荣碑"等记载。但有关汉画像石的记载不多。

以后汉武班碑为例，欧阳惟录文字，或对原文进行简单介绍和考证，不录画像。文中云："右汉班碑者，盖其字画残灭，不复成文。其氏族、州里、官阀、卒葬皆不可见。其仅见者曰：'君讳班，尔。其首书云，建国元年太岁在丁亥。而'建'下一字不可识。以汉书考之，后汉自光武至献帝，以'建'名元者七：谓建武、建初、建光、建康、建和、建宁、建安也，以历推之，岁在丁亥，乃章帝章和元年后六十一年，桓帝即位之明年，改本初二年为建和元年，又岁在丁亥。则此碑所缺一字当为'和'字，乃建和元年（147年）也。碑文缺灭者十八九，惟亡者多而存者少，尤为可惜也，故录之。治平元年（1064年）四月二十日书。"又云："后得别本，模拓粗明，始辨其一二，云武君讳班，乃易去前本。熙宁二年（1069年）九月朔日记。[①]"

2. 赵明诚与《金石录》

明诚字德父，北宋时期诸城人，生于宋神宗元丰四年（1081年），卒于宋高宗建炎三年（1129年）。少年时，赵明诚在太学读书，后在朝廷做官，一生坎坷，但始终爱好金石刻辞。为官前，赵明诚就已经与李清照结为夫妻，婚后，二人共同收集金石字画、古籍，最终合力著成《金石录》一书。赵明诚是我国古代研究金石之学的集大成者，其所著《金石录》也对我国历史、书法、考古等不同学科来说都有重要的参考价值。《金石录》全书记载的内容非常丰富，共有三十卷，其中也有很多内容与汉代画像石有关，如孝堂山石刻画像。此外还有跋尾"麟凤赞并记""武氏石阙铭""吴郡丞武开明碑""从事武梁碑"；卷一六的"司隶校尉鲁峻碑"；卷一九的"武氏石室画像"，目录中编号为第二百三十九至

[①] （宋）欧阳修. 集古录跋尾[M]. 上海：上海古籍出版社，2020.

二百四十三的"武氏石室画像"一至五卷；第二百三十八的"汉不其令董君阙铭"等。另外，《金石录》对《水经注》的有关记载作了一些补充。如卷一六的"鲁峻碑"条下，赵云："今墓与石室尚存，唯此碑为人辇置任城县学矣。余常得石室所刻画像，与（戴）延之所记合。"同时，《金石录》有几处直接考证了画像内容。如卷一四在永建元年（126年）的"麟凤赞并记"条下云："右汉麟凤赞，其上刻麟凤像各为赞附于下，又别有记云：永建元年秋七月，山阳太守河内孙君新刻瑞像麟凤。①"

中岳汉三阙因有长篇的铭文和内容丰富的画像，所以，自然受到了赵明诚的关注。赵氏不仅收录了"堂溪典请雨嵩高庙铭"，而且还进行了分析考证。

3. 沈括与《梦溪笔谈》

沈括字存中，北宋钱塘（今浙江杭州）人，生于天圣九年（1031年），卒于绍圣二年（1095年）。北宋著名的思想家、政治家、科学家。晚年著《梦溪笔谈》26卷，又《补笔谈》3卷，《续笔谈》1卷，于11世纪末年成书，共30卷。内容涉及天文、数学、物理、化学、历史、文物等17目，凡609条。特别是发掘汉朱鲔墓，是有关古墓发掘的早期记载之一。书中云："济州金乡县（今山东济宁金乡县）发一古冢，乃汉大司徒朱鲔墓，石壁皆刻人物、祭品、乐器之类。人之衣冠多品，有如今之幞头者，巾额皆方，悉如今制，但无脚耳。妇人亦有如今垂肩冠者，如迈年所服角冠，两翼抱面，下垂及肩，略无小异。人情不相远，千余年前冠服已尝如此。其祭器亦有类今之食器者。②"

4. 米芾与《画史》

米芾字元章，生于北宋皇祐三年（1051年），卒于大观元年（1107年），本是太原人，后迁居襄阳。又曾长期住镇江等地。初仕校书部，迁书画学博士，著《画史》等行世。《画史》"唐画"首次记录了地下画像石墓遭"破"后有关画像情况。书中云："济州破朱浮墓，有石壁，上刻车服、人物、平生随品所乘，曰'府君作令时'。车是曲辕，驾其尾，车轮略离地，上一盖，座一人，三梁冠，面与马尾平对，自执绥，马有裙遮其尾。一人御，又曰'作京兆尹时'四马，辕小曲，车差高盖下坐，仪卫多有曰'鲜明队'。③"

5. 洪适与《隶释》

适初名造，后改适，字景伯，晚年自号盘洲老人。饶州鄱阳（今江西鄱阳县）人，

---

① （宋）赵明诚.金石录[M].济南：齐鲁书社，2009.
② （宋）沈括.梦溪笔谈[M].成都：四川美术出版社，2018.
③ （宋）米芾撰；谷赟校注.画史[M].太原：山西教育出版社，2018.

生于宋徽宗政和七年（1117年），卒于宋孝宗淳熙十一年（1184年）。官至尚书左仆射同中书门下平章事。对汉碑有很深的癖好，尽数十年之力搜集到丰富的资料，先后著成《隶释》27卷，《隶续》21卷。《隶释》成书于南宋乾道二年（1166年），是我国现存年代最早的一部集录和考释汉魏晋石刻文字的专著。他把隶书体的汉碑碑文用楷书写出，故书名为《隶释》。此书与《隶续》共著录汉碑碑文，碑阴等258种，魏和西晋碑17种，又收集汉晋铜、铁器铭文及碑文20余种。书中还用图来表示汉碑的不同式样，又著录了不少汉画像石。以卷一六《武梁祠画像》条目为例，洪适云："右武梁祠画像为石六，其五则横分为二，梁高行、蔺相如二段又广于它石。所画者古帝王、忠臣义士，孝子贤妇，各以小字识其旁，有为之赞文者。其事则史记、两汉史、列女传诸书，合百六十有二人，有标题者八十七人，其十一人磨消不可辨，又有鸟兽、草木、车盖、器皿、屋宇之属甚众。[①]"接着，以画像内容与《水经注》记述的鲁峻和李刚二石室画像内容相比较，由于"无阙里圣贤"和"不画四灵"，而确知非鲁峻，李刚的石祠画像。关于武梁祠堂画像的定名问题，洪适在卷六中已根据"武梁碑"所云的"竭家所有，选择名石，南山之阳，擢取妙好，色无斑黄，前设坛墠，后建祠堂，良匠卫改，雕文刻画，罗列成行，搦聘技巧，委蛇有章"评论道："此碑长不半寻，广才尺许，既无雕画，技巧也非罗列成行，其辞决不为碑设也，详味之，似是指石室画像尔。[②]"

在卷一六中云："似是谓此画也，故予以'武梁祠堂画像'名之，后之人身履其垠，会能因斯以求是。[③]"《隶释》与上述著录相比，还增加一些有关汉画像石的条目。如卷一三各刻一朱雀的"汉交征都尉沈君二神道"、上刻三足乌和下刻一人执扇骑马的"处士金恭阙"；卷一六的分别刻一麒麟和凤凰的"麒麟凤凰（二）碑"；卷一七的以朱雀为额、龟蛇为趺、龙虎衔壁在其两旁的"益州太守无名碑"及其碑阴上的其他画面；卷一八的"以天禄为额，其下刻一牛首，又有碑阴上朱鸟而下玄武"的"是帮雄桀碑"。另有南宋绍兴二十七年（1157年）发现的四川彭山张宾公妻崖墓的记载。

《隶续》可谓汉画像石图录的刊行，其中卷二一中的卷五"碑图上"录下了有画像石的汉碑26幅；卷六："碑图下"录下了武梁祠画像图录14幅；卷八"碑图中"用文字记录了3碑画面内容；卷一三记录了"孔子见老子""孝子董蒲阙""沛相范文阙""邓君阙"之画像内容；卷一七记录了鲁峻和李刚墓石室残画像以及太尉公画像石墓的画像内容。

---

① （宋）洪适.隶释·隶续[M].上海：上海古籍出版社，2020.
② （宋）洪适.隶释·隶续[M].上海：上海古籍出版社，2020.
③ （宋）洪适.隶释·隶续[M].上海：上海古籍出版社，2020.

从《隶续》可以看出宋代收藏汉画像石拓片者不仅有洪适，还有朱竞等人。《隶续》卷八中记述的3碑，"前一碑得之张安国……后二碑得之朱希真家"。朱"其季父竞，政和年自济阳代还所得汉世人物画像颇多，则知兖豫间冢中画像殆不一姓"；卷一三"沛相范文阙并画像"条云："前岁有剑州罢官归者，以此郡三石阙画像相赠。其一刻三车四马人物九，凡三段，谓之范君阙；其一刻二车五马人物十四，凡三段，谓之邓君阙；其一刻人物五飞鸟一，凡三段，谓之魏君阙。"卷一七"太尉公墓中画像"条云："右太尉公墓中画像八石，近岁出资州内江县，蜀人谓之燕王墓人物，未知何所依据。乾道中一蜀人入宫中都，持赠同僚人，始知之。①"

（三）清代汉画像石著录

从现有的材料看，元、明时期，缺乏有关汉画像石的著录，这大抵与金石学在这一时期的低落不无关系。随着清代康熙中兴与乾嘉学派的兴起，中国汉代画像石的发现愈来愈多，这样，就为著录与研究工作带来了一个新的契机。

1. 翁方纲与《两汉金石记》

翁氏，清代金石学家。撰《两汉金石记》，乾隆五十四年（1789年）刊本。该书对武梁祠堂的画像有所描述，并加以简略考证；对武荣祠则录其题字，粗述其画像内容，未有考证；对武班、武开明石祠画像则没有收录；对孝堂山石室画像，亦略一提，未述及画面；对河南登封中岳汉阙即太室、少室、启母三阙，仅录文字，未涉及画面内容。其中对启母阙"堂溪典请雨嵩高庙铭"的考释"较为允当"。该书所录画像石虽不过十处，石不过百通，但"以字重画"，故仍有十分重要的研究价值。

2. 黄易与《小蓬莱阁金石文字》

黄易，浙江仁和人，官至济宁运和同知，擅长金石学，工诗文，兼篆刻和书画，尤其喜好汉代画像石，对武氏祠画像有兴致，有调查，有发掘，有研究。《修武氏祠堂记略》云："乾隆丙午（1786年）秋八月，（黄）自豫还东，经嘉祥县署，见志载：县南三十里紫云山西，汉太子墓石享堂三座，久没土中，不尽者不尺石壁，刻伏羲以来祥瑞及古忠孝人物，极纤巧；汉碑一通，文字不可辨。"后黄易访得拓本，发现是武班碑，"不禁狂喜。九月，亲履其垠知山名武宅，又曰武翟，历代河徙，填淤石室，零落次弟。剔出武梁祠堂画像三石，久碎而为五，八分书，四百余字；孔子见老子画像一石，八分书，八字；双阙，南北对峙，出土三尺，

---

① （宋）洪适. 隶释·隶续 [M]. 上海：上海古籍出版社，2020.

掘深八九尺，始见根脚，各露八分书，'武氏祠'三大字，三面俱人物画像，上层刻鸟兽，南阙有'建和元年武氏石阙'铭，八分书，九十三字；武班碑作圭形，有穿……此四种见赵、洪二家著录，武梁石室后东北一石室，计七石，画像怪异，无题字……旁有断石柱，正书曰'武家林'；其前又一石室，画似十四石，八分题字……共一百六十余字；祥瑞图石，久卧地上，漫漶殊甚，复于武梁石室北，剔得祥瑞图残石三，共八分书一百三十余字。此三种，前人载籍未有，因名之曰'武氏前石室画像'（似为武荣祠），'武氏后石室画像'（似为武开明祠）、'武氏祠祥瑞图'。又距此一、二里，画像二石无题字，莫辨为何室者。①"黄氏的著作有《小蓬莱阁金石文字》，成书于嘉庆五年（1800年），全书五册。在第五册里，摹刻所谓唐拓武梁祠局部画像14幅，其中有"神农、黄帝、伏羲、祝诵、颛顼、帝喾、帝尧、帝舜、夏禹、夏桀、曾母投杼、闵子骞、老莱子、丁兰"，并对上述画像作了简单考释。

3. 阮元，毕沅与《山左金石志》

阮元和毕沅均为清代金石学家。二人合撰的《山左金石志》，成书于嘉庆二年（1797年）。涉及山东画像石的有多处，其中包括济宁、嘉祥、长清、微山、金乡、曲阜、邹县、汶上、新泰凡九县，150余处。此书对收录画像石有详细的记述，并加以考证，有的属纠史之谬，如阮氏明确指出孝堂山石祠不是孝子郭巨祠堂；曹子劫桓时，鲁庄并不在场等。但也有一些考释令人费解，如说到济宁李家楼画像时，阮氏云："第一石中画一怪兽，首有三髻，上锐，项下系大圈。"

4. 王昶与《金石萃编》

王昶字德甫，号述庵，又号兰泉，清代青浦人。王昶穷尽半生精力搜集碑刻拓本以及各种铜器铭文，最终于嘉庆十年著成《金石萃编》一书。《金石萃编》总共一百六十卷，囊括了一千五百多种历代铭文，而且每篇铭文都有详细的注释包括题目、尺寸和地点等，其中卷二十和卷二十一主要记载的是汉画图录。

5. 冯云鹏、冯云鹓与《金石索》

冯云鹏（晏海）和冯云鹓（集轩）系同胞兄弟，江苏南通人。乾嘉时期由于金石学的盛行，不少人把古代铜器、石刻汇集在一起成书，《金石索》就是这类著作中最有名的一种。该书材料取舍严谨，内容丰富，是一部综合性古器物图谱，成书于清嘉庆末。此书共12卷，分金索、石索两部分。石索6卷，收历代石刻以及带字的砖和瓦当。铭文拓本后面有冯氏的释文或考证。卷三、卷四多涉及汉

---

① （清）黄易.小蓬莱阁金石文字[M].杭州：浙江人民美术出版社，2018.

画像图录，其中包括50多幅武氏祠的画像，还有部分孝堂山、曲阜、邹县地区的画像，都是摹刻的。

6. 瞿中溶与《汉武梁祠画像考》

瞿中溶，字木夫，嘉定人，清代著名金石学家，撰《汉武梁祠画像考》。该书完成于道光五年（1826年），是我国关于武梁祠画像石的专著，共7卷。第一至第六卷为武梁祠堂画像考，另附图一卷，"前石室画像考一篇"。瞿在自序中认为包括《两汉金石记》《山左金石志》在内的一些著录，对武梁祠画像"皆爱其文字而录之，于画面多忽，未为深考"，《金石粹编》中虽有图录，但"亦不如一语辨之"。故此书对"伏戏""黄帝""荆轲刺秦王""豫让杀身""无盐丑女""颜淑握火"等48条画像内容均作了详细的描述、深邃的考证，是清代难得的断代和分地石刻著作。

7. 王懿荣与《汉石存目》

王懿荣为清代金石学家，光绪年间进士，撰《汉石存目》2卷，下卷为画像石。此书所录画像广泛，包括河南、四川、山东三省。以山东居首，省内除上述说到的济宁、嘉祥、长清、金乡、曲阜、邹县、汶上、新泰八县外，还有兰陵（今苍山县）、沂水、费县、鱼台、平邑、历城、兖州、睢县、益都、牟平、蓬莱凡11县，收录画像150余石。对画像没有传摹，不过每石均有出土地点，另有收藏经过。

总的来说，金石学对汉代画像石的研究可以看作我国研究汉代画像石的第一个阶段。汉代遗留的各种墓地已经成为后世各地的地理标志，而墓地中的各种画像石也受到了金石学家、地理学家、书画家的关注。东晋末年戴祚所作的《西征记》是我国古代最早记录有关画像石信息的书籍。郦道元的《水经注》则以石祠为标志记录了水道的流向、地理形势等。

在这些书籍中，成书于北宋时期的《梦溪笔谈》是最早记录墓室画像的著作，书中对画像石进行了详细的描述："济州金乡县发一古冢，乃汉大司徒朱鲔墓。石壁皆刻人物、祭器、乐器之类。人之衣冠多品，有如今之幞头者，巾额皆方，悉如今制，但无角耳。妇人亦有如今之者，如近年所服角冠，两翼包而下垂及肩，略无小翼。人情不相远，千余年冠服已常如此。其祭器亦有类今之食器者。①"这段文字虽然不多，但是却准确地记录了画像石的细节。通过文字可以看出，沈括当时应该是仔细地观察过墓中的画像石，或者是认真研究过关于此墓地画像石的拓本。出生时间比沈括稍晚一点的米芾也在他的《画史·唐画》中详细记载了

---
① （宋）沈括. 梦溪笔谈[M]. 成都：四川美术出版社，2018.

朱浮（疑为朱鲔）墓中的各种画像石。但是，以上两者对画像石进行记录并不是出于学术方面的目的。

汉代画像石被人们刻意地搜集则是在北宋中期以后，是伴随着金石学而逐渐进入人们视线的，这一点主要体现在赵明诚与李清照合著的《金石录》中。《金石录》卷十九"武氏石室画像"条下跋尾云："右汉武氏石室画像五卷。武氏有数墓，皆在今济州任城，墓前有石室，四壁刻古圣贤画像，小字八分书题记姓名，往往为赞其上，文辞古雅，字画遒劲可喜，故尽录之，以资博览。[①]"以上这句话是我国历史上第一次对武氏祠进行描述的文字，但是描述比较简略，人们也很难通过这段文字了解画像的详细情况。从中也可以看出，作者记录画像石也主要是为了让人们欣赏，并非用作研究使用。

南宋时期洪适所作的《隶释》和《隶续》可以看作是真正意义上研究汉代画像石的著作。首先，《隶释》不但收录了不同的汉代画像石题榜，而且详细描述了画像石的具体内容，同时也有作者对画像石的考证。另外，《隶释》收录的数量也比《金石录》多很多。如在卷十六的"武梁祠画像"条云："右武梁祠画像为石六，其五则分为二，梁高行、蔺相如二段又广于他石。所画者古帝王、忠臣、义士、孝子、贤妇，各以小字识其旁，有为之赞文者。其事则《史记》、两汉史、《列女传》诸书，合百六十有二人，有标题者八十七人，其十一人磨消不可辨，又有鸟兽、草木、车盖、器皿、屋宇之属甚众。[②]"其次，后来的《隶续》在卷五和卷六两卷中摹写了国内各地不同的祠、碑、阙上的汉代画像，这也是我国历史上第一次出版的关于汉代画像石的图录。宋代以后至清代，金石之学走向衰落，这期间几乎没有关于汉代画像石的著作。

清代以后，由于清政府的高压政策，清代的文人学士大多将目光转向古代典籍，因此，金石之学又渐渐走进人们的视线，同时汉代画像石也成为人们一个重要的研究领域。这其中，不乏仁人志士对各种祠、碑、阙进行挖掘的案例，如乾隆年间的金石学家黄易和李克正，他们为了研究汉代画像石分别对尘封已久的武氏祠进行了挖掘，从此拉开了清代学者们研究汉代画像石的序幕，并掀起一股研究热潮。清代有很多研究汉代画像石的著作，其中比较著名的有王昶的《金石萃编》、黄易的《小蓬莱阁金石文字》等。另外，很多地方志也会对当地发现的汉代画像石进行记载。

总的来说，这一阶段关于画像石的研究有下面两个特点。

---

① （宋）赵明诚.金石录[M].济南：齐鲁书社，2009.
② （宋）洪适.隶释·隶续[M].上海：上海古籍出版社，2020.

第一,人们对汉代画像石的研究资料主要来自一些零散的祠、碑、阙上,并未对其进行深入的考察,甚至有很多人的研究资料主要来自于自己收集的拓本,因此,研究缺乏一定的科学依据,而且大部分是对墓地地上建筑的研究,几乎没有研究墓室画像的。

第二,人们研究的汉代画像石主要是一些带有题榜或者是一些源自历史故事的画像,几乎不关注没有题榜的画像。这种对汉代画像石的研究是不全面的,无法充分体现研究的科学性。

虽然总体上清代学者们对汉代画像石的研究比较浅显,但其中也产生有很多具有参考价值的著作。

二、汉代画像石研究逐步纳入考古学领域

进入20世纪,近代考古学逐渐在我国兴起,人们对汉代画像石的研究也逐渐走向科学,很多考古工作者开始深入田间、墓地进行实地考察,而金石学的著录方法仍被沿用。

在20世纪初的二十年间,法国的沙畹、色伽兰和日本的关野贞等,分别调查了山东、河南、四川等地的汉代石祠、石阙、崖墓及其画像,并运用照相、测量、绘图等近代考古方法进行了记录。日本大村西崖的《支那美术史·雕塑篇》书中就使用了大量的汉代画像石照片,并且将这种画像并入美术史的研究范围内。1928年,中华民国政府开始筹备创建中央研究院并于同年创建完成。1933年,原中央研究院历史语言研究所开始第一次汉代画像石墓葬挖掘工作,并对其中的汉代画像石进行研究。即使在抗日战争期间,考古工作者也依然没有停止对汉代画像石的研究,这期中就包括对川蜀地区汉代崖墓及其画像石的研究。

20世纪三四十年代,各地又有新的零散汉代画像石发现和著录。继董作宾在20世纪20年代(时为北京大学国学门的研究生)于其家乡南阳发现汉代画像石后,其他学者接踵而至,紧接着,很多学者都发表了关于南阳汉代画像石的研究著作,也出现了很多拓本。学者们对南阳汉代画像石的研究使南阳地区的汉代画像石首次为世人所知。在原山东省立图书馆馆长王献唐的主持下,图书馆开始为周围的金石保管所大量收集汉代画像石,最后编写了《山东省立图书馆金石志初稿》。除著录本馆收藏的汉代画像石外,书中还陈述了整个山东地区的汉代画像石的考古发现情况以及全国其他地区的考古发现情况。这期间还有很多学者著书立说,其中不乏一些精品书籍,为汉代画像石的研究做出了一定贡献。如《汉代画像全集》,其一编和二编著录的都是山东汉代画像石,而原先拟就的其他地

区汉代画像石的三编、四编未能再编辑出版，但也为汉代画像石的资料积累做出了一定成绩。

总的来说，从20世纪初到中华人民共和国成立前的动荡时期，我国学者对汉代画像石的研究虽然有一定的科学性，但是还是以调查为主，当然也有部分研究是以考古数据为支撑的。这一时期，学者们对汉代画像石的研究深度也有所加深。通过这一时期的研究，人们逐渐将汉代画像石看作一种历史现象，也不仅仅是一种画像。同时，这一时期的很多学者也对全国范围内的汉代画像石进行了考察，注重从整体建筑环境上对汉代画像石进行研究。美国学者费慰梅于20世纪40年代初对武氏祠画像石的考察与利用画像石拓片所做的石祠复原图和有关问题的探讨，对认识这些零散汉代画像石的相互关系与其本有的含义，在理论和方法上都有重要意义[①]。这一时期，随着人们对汉画像石研究的不断深入，很多学者开始研究关于汉代画像石更加细致化的方面，比如雕刻技法、艺术风格等，这些都是早期研究汉代画像石的金石学家们所忽略的地方。需要特别提到的是，这一时期，很多国外学者也开始参与汉代画像石的研究，这说明国外学者也开始注意到汉代画像石的历史价值。

三、汉代画像石研究的进一步发展

1949年，中华人民共和国成立，建立了社会主义制度，从此，我国对汉代画像石的研究进入一个新的历史时期。随着我国社会主义建设的不断发展，我国的考古事业也取得了长足的进步，这为汉代画像石的研究提供了更加有力的支撑。1954年，我国考古工作者正式开展对山东沂南北寨村汉墓的挖掘工作，这次挖掘形成了比较系统、翔实的挖掘报告，极大地推动了新的历史时期汉代画像石研究的发展。

根据各地发掘和出土汉代画像石的情况，从20世纪50年代初到20世纪60年代中期，考古工作者分别在我国山东、苏北地区，河南南阳地区，陕北绥德地区，四川成都及重庆等地区发现了数量非常多的汉代墓地，出土了很多汉代画像石，这为汉代画像石的地域划分提供了重要的数据基础。但在以后的一段时间里，考古工作者对汉代画像石的发掘与研究工作做得较少。进入20世纪70年代晚期以后，随着我国改革开放和各项事业的蓬勃发展，汉代画像石的发现与研究工作有了更大的进展。除在上述各个地区都有大量新的发现外，考古工作在地域上又有扩展，如在与山东、苏北相邻的皖北、豫东地区，与河南南阳相邻的鄂北地区，

---

① （美）费慰梅；王世襄译. 汉"武梁祠"建筑原形考[J]. 中国营造学社汇刊，1941，7（2）.

与陕北相邻的晋西北地区等，都陆续进行了汉代画像石墓的发掘工作。另外，在浙江海宁、河南中部的新密（原密县）等地，也发现或发表了重要的汉代画像石墓资料。这使得我们对汉代画像石的地域分布及其面貌有了新的更充分的认识。20世纪70年代末，在山东、苏北与河南南阳两个汉代画像石分布的中心区域，相继发现了属于西汉时期的早期画像石墓。如在鲁南、苏北地区发掘的一大批小型画像石椁墓，年份可追溯到西汉武帝时期。在河南南阳地区的唐河石灰窑、湖阳镇和南阳赵寨等地，也都发现了属于西汉时期的画像石墓。其中特别重要的是唐河新店始建于天凤五年（公元18年）的冯孺久墓。这座有纪年铭的汉代画像石墓的发掘改变了对上述地区汉代画像石产生时间的传统看法，对汉代画像石的产生和分期的研究具有重要意义。

20世纪50年代以来，随着对汉代画像石墓的发掘和出土实物日益增多，我国陆续出版了许多按地域编排的汉代画像石图录。这些经过仔细筛选、编排后出版的图录一般也会附带详细的文字说明，有的还会附带一些专门针对不同地域的研究性文章，为汉代画像石研究者提供了大量的研究资料。汉代画像石中的内容大多与汉代人民的日常生活息息相关，蕴含着多方面的研究价值，因此，除历史和美术外，很多其他学科的专家、学者开始将研究的目光投向汉代画像石，如舞蹈、音乐、宗教等。学者们希望从汉代画像石中获得更多与自己学科相关的知识。

随着科学技术的发展以及其他学科关于汉代画像石研究的不断深入，汉代画像石的考古水平也在不断提高，人们对汉代画像石的研究范围也越来越宽广。考古学非常重视以具体物质来推断社会关系，因此，通过考古工作者对汉代画像石的研究，人们逐渐注意到各地发展的不平衡性和阶段性及其区域类型和分期问题。20世纪60年代起，我国考古工作者逐渐开始对汉代画像石进行多角度的分析与讨论，比如题材、地域特点、雕刻技法、分布情况等。80年代初编写出版的《新中国的考古发现和研究》一书，曾以考古类型学和年代学的方法，初步将全国范围内的汉代画像石进行分区，并进行汉代画像石墓编年分期的探讨[1]。而后，信立祥的《汉代画像石的分区与分期研究》一文，进一步打破行政的省区界限，对汉代画像石的区域划分与分期断代及相关问题，进行了较全面的分析研究[2]。

考古工作者在对地面石祠堂及其画像的研究和认识方面，也取得了明显的进展。20世纪80年代初，蒋英炬、吴文祺等通过实地的详细考察，最终解决了武

---

[1] 高炜.汉代的画像石墓.新中国的考古发现和研究[M].北京：文物出版社，1984.
[2] 信立祥.汉画像石的分区与分期研究.考古类型学的理论与实践，[M].北京：文物出版社，1989.

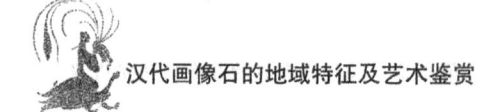

氏祠的科学复原问题，准确完成了武梁祠、前石室、左石室诸祠画像石的建筑配置，并在此基础上对武氏祠画像石进行了系统的整理研究，使这批久负盛名的零散祠堂画像石成为完整的科学资料[①]。此后不久，又在山东嘉祥宋山新出土的零散汉代画像石中，发现并成功复原了现已不存在的另一种汉代墓地小石祠，并从这种小祠堂的特征上，认识到现存的许多画像石原本是这种已毁掉的小祠堂构件。从而，在此基础上又有了对汉代墓地石祠堂的形制及其画像配置规律、内容特点等做出进一步的论证。这使已经散乱的大量汉代画像石，能够返其原有位置，重现本来面貌，更有利于汉代画像石研究的深入开展。

与此同时，国外与港台学者对汉代画像石也做了许多研究工作。日本学者土居淑子、林巳奈夫和曾布川宽等，都通过自己对汉代画像石的深入研究提出了很多不同方面的、深刻的见解，并出版了不同研究方向的关于汉代画像石的书籍，为提升汉代画像石的研究价值做出了一定的贡献。国际知名艺术史家巫鸿，通过对武梁祠画像石的研究发表了自己独特的艺术见解，并且出版了《武梁祠：中国古代画像艺术的思想性》一书。书中巫鸿以其独到的眼光阐释了汉代画像石的艺术价值，不但为汉代画像石的研究开辟了新的空间，也在国际社会引起巨大反响。不过，他所推演的关于武梁祠画像是出自武梁本人的设计，以及祠堂后壁中央楼阙人物中的主人是汉朝皇帝等论点还值得商榷。著名的台湾史学家邢义田也对汉代画像石进行了深入研究，近些年发表了很多关于汉代画像石的著作。

总之，从20世纪50年代以来，学者们对汉代画像石的研究范围越来越宽，研究深度越来越深，各个方面的研究都取得了历史性的进步，成绩斐然。近年，信立祥又在这些研究成果的基础上，撰文出版了《中国汉代画像石研究》一书。这是一部较全面系统地分析研究汉代画像石的专著，填补了我国汉代画像石研究中的一项空白。

通过以上简要的历史回顾，我们不仅可以看到汉代画像石的发现与研究有着源远流长的历史，更可以看到自20世纪以来，特别是在50年代以后，随着我国文物考古事业的发展，汉代画像石发现与研究工作取得了丰硕的成果。

[①] 蒋英炬，吴文祺.武氏祠画像石建筑配置考[J].考古学报，1981（2）.蒋英炬，吴文祺.汉代武氏墓群石刻研究[M].济南：山东美术出版社，1995.

第三章 汉代画像石的艺术表现手法

汉代画像石具有非常丰富的艺术表现手法，独具时代特色，在艺术领域独具魅力与风采，有着无与伦比的借鉴意义。本章对汉代画像石的艺术表现手法进行介绍，分别从汉代画像石的制作过程、汉代画像石的雕刻技法、汉代画像石的题材分类、汉代画像石的构图方式、汉代画像石的图像造型五个方面进行详细介绍。

第一节 汉代画像石的制作过程

汉代画像石上的图像与花纹，是在预先制好的石质建筑构件上雕刻而成的。在制作过程中需要先在石面上使用墨线对画样底稿进行勾勒，之后再根据底稿的墨线使用刀或者钻进行雕刻。随着近年来出土的一些画像石，可以明显地发现，这些画像石上还残存着勾画底稿的墨线。在山东东阿芗他君石祠堂石柱的题铭中，有简称"师"的石工和称作"画师"的画工两类匠师[1]，这就在一定程度上证明了在制作画像石的时候参与的工匠有画工、石工，甚至可能会有兼具绘画与雕刻技能的匠师参与制作。如制作著名的武梁祠画像的"良匠卫改，雕文刻画，罗列成行，摅骋技巧，委蛇有章。"[2] 关于汉代画像石制作的具体分工，是个较为复杂和有待进一步研究的问题。不过，按一般情理和实际情况推断，像画像石这种面积大、图像多且有一定内容布局的雕刻，不论多么高明的匠师，在动刀刻制之前，必须事先要在石面上绘出底稿的。总而言之，当时的人们会通过使用绘画与雕刻两种不同的技法制作汉代画像石。

在制作技艺上，汉代画像石使用的是绘画与雕刻两种技法、两个不同的制作过程，最重要的是汉代画像石的最终成品也明显表现出了绘画与雕刻的两种属性。经过研究可以发现，汉代画像砖主要使用阴线刻进行雕刻，这与中国画的表现技

---

[1] 罗福颐. 芗他君石祠堂题字解释[J]. 故宫博物院院刊，1960（2）.
[2] 洪适. 隶释[M]. 香港：中华书局，1985.

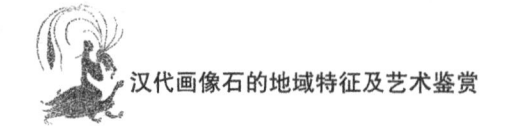

法同处一源，能够在雕刻技法中表现出绘画的特点。汉代画像砖在整体表现上有着浓重的绘画风格，主要表现在画面内容的经营与布局方面，更为重要的是，现阶段出土的一些画像砖上面还残存着当年彩绘的痕迹。故在有的汉代画像石的题铭中称其为"画"。在制作过程中，汉代画像石的艺术造型是雕刻成的，按其成型技术来说，应属雕刻。它制作过程中与绘画有所不同，绘画的特点在于用笔，那种笔致能够传出深邃微妙的境地，而汉代画像石制作是在石头上刻。我们把汉代画像石作为一个整体来看待。实际上，汉代画像石既不是独立的绘画过程，也不是独立的雕刻过程，而是包括建筑在内的一种综合性艺术创造过程。

画像砖的制作工艺一直受到学者们的普遍关注，根据以往的观察和研究，可以将其作一个总结和归纳。

一、砖的制作

在制作砖之前需要准备无杂质的细泥，其中细泥的获取方式一般是通过对获取的粗糙原料进行处理，去除其中的砂石与杂物，之后对其进行淘洗与沉淀，得到的沉淀物就是没有杂质的细泥。部分细泥内似乎还掺有麻等纤维物质，以增强其拉力。再经过搅拌与棍打，即成为砖泥。

在外形方面，画像砖有空心砖、方形砖、长方形砖等等形式，不同形式的砖在外形的大小与厚薄方面也不尽相同。在制作上，无论有多少种形式的画像砖，都主要表现为两类，分别是空心砖与实心砖。

在制作空心砖的时候需要先准备由五块木板组合成的模具，首先需要确保所有模具所制的空心砖在长度、宽度、厚度等方面的规格保持一致，之后在模具的底部涂抹一定厚度的砖坯泥，一般情况下为4厘米至5厘米，之后需要使用工具对填入模具中的泥进行拍打，以保证涂抹泥料的厚薄处于一个均匀且坚固的状态。所以空心砖内壁面多高低不平或留有手捺与工具拍打的印痕。一些印有画像的宽面砖坯是通过已有的制式木模制作出的，再将其进行一定时间的晾制之后就可以将画像印在尚未完全晾制完成的砖坯上，最终得到了画像砖。

之后的做法就是将已经制作完成的画像砖坯与制作完成的空心砖坯进行黏合。黏合时为了使内壁接缝处严密与牢固，在空心砖坯的两端分别用刀挖出一个长方形或圆形孔，以便手可伸入空心砖坯内壁将缝口抹平，使之黏接牢固。同时也用木制工具对空心砖外壁接缝处进行捺压和拍打。由于拍打工具上多刻有图案纹饰，所以在印有画像的砖面周边常出现有比较规整的图案或绳纹。在空心砖坯制成之后，为了防止砖壁收缩或下沉，从两端的孔口向空心砖坯内塞入杂草等填充物,因而在空心砖内壁上还常常发现有植物叶秆的痕迹。砖坯晾干后即入窑烧制[1]。

也有学者持不同看法。他们认为空心砖的制作方法有两种。一为四片黏合法,即四个面按一定尺寸做成泥片,待泥干后,将四片对合,接口处用泥黏合、抹平。二为支撑法,用几块长条木板作撑板,撑板外裹以粗麻布,然后再贴泥[2]。各种型号的实心砖多是和模填泥脱制而成。

二、画像的制作

通过观察画像,可以发现一共有三种方法可以制作画像。

首先是使用一些尖端比较尖锐的工具在泥坯上进行刻划,得到画像。经过这种方式得到的画像砖没有模印的痕迹,但是由于工具的限制,这些种类的画像砖选取的题材都比较简单,如河南郑州出土的朱雀、铺首衔环画像砖。这种技法较少应用。

其次是压印法。这种画像制作方法是通过将画像印在晾制到一定程度上的砖坯上,经过考古确认,在郑州、洛阳等地区出土的空心砖大多数使用的是这种方法。在印制画像的过程中,经常会将两种或者多种模具交替且重复使用,但是在使用前会有周密的安排,经过计划安排之后的使用顺序会繁而不乱。但是使用这种方法得到的成品有极少部分在构图上表现得比较随意,整体上缺乏严整的布局,甚至有画像叠压或倒印的现象。

最后一种是翻倒脱模法,这种方法需要先在模具上贴泥,将贴好的泥经过拍打之后变得牢固,之后在翻倒进行脱模,在制作泥坯的时候画像也会随着一起获得。在南阳与四川等地方出土的实心砖上面的画像大多数是通过这种方法获得的。砖上画像与木模上雕刻的正相反,砖上是凸起阳线的,木模上是阴线,砖上凸起为弧面并加阳线的,木模上是凹面加阴线。

陕西甘泉劳山公社王台村汉墓出土画像砖的鹿身上涂有墨色,而咸阳26号和36号汉墓出土的空心砖画像上则涂有朱砂,由此可见,画像砖和画像石一样,在砌到建筑物上之后有的还要上彩,以产生画的效果。但由于色彩多已脱落,难知其详,人们在讨论画像砖的制作技法时只能谈其雕刻形式,这和画像石也是一致的。

---

[1] 安金槐.试论河南南阳地区汉代画像砖的地方特征[J].中原文物,1996.
[2] 罗福颐.芗他君石祠堂题字解释[J].故宫博物院院刊,1960.

三、制作工序

1934年在山东省东阿县发现的芗他君祠堂画像石，是东汉桓帝永兴二年（154年）芗他君之子芗无患与芗奉宗兄弟二人为死去的父母所建石祠堂的门柱石，通高1.2米，下为伏兽，上为柱身，柱身呈四角形，周围三面刻画像，一面刻长篇题记。题额为"东郡厥县东阿西乡常吉里芗他君石祠堂"，题记的前半部分主要是对相关人员的人生经历的记述，后半部分是对该处祠堂的建造始末的记述。关于祠堂的建造过程，题记这样写道：无患、奉宗，克念父母之恩，思念忉怛悲楚之情，兄弟暴露在冢，不辟晨夏，负图成墓，列种松柏，起立石祠堂，冀二亲魂零（灵），有所依止。岁腊拜贺，子孙懂喜。堂虽小，经日甚久，取石南山，更逾二年，这今成已。使师操蒙，山阳瑕丘荣保，画师高平代盛、邵强生等十余人。段钱二万五千。

今天山东省嘉祥县武氏家族墓地经过研究，专家推测是东汉时期的墓葬，其中的"从事武梁碑"碑文中也有关于建造墓地祠堂的类似的记述：孝子仲章、季章、季立，孝孙子侨，躬修子道，竭家所有，选择名石，南山之阳，擢取妙好，色无斑黄，前设坛墠，后建祠堂。良匠卫改，雕文刻画，罗列成行，摅骋技巧，委蛇有章。垂示后嗣，万世不忘。

1980年，在山东省嘉祥县宋山的魏晋墓中出土了一块东汉"永寿三年"（157年）许安国祠堂盖顶石，内面右刻画像，左刻长篇题记。题记全文共461字，记述了卒史许安国在镇压"泰山巨贼"的军事行动中染病身亡的经过及其家人为其治丧的过程，其中一段较详细地叙述了祠堂的建造经过：以其余财，造立祠堂，募使名工，高平王叔、王坚、江胡、栾石、连车，采石县西南小山阳山。琢砺磨治，规矩施张，褰帷及月，各有文章。雕文刻画，蛟龙委蛇，猛虎延视，玄猿登高，狮熊嗥戏，众禽群聚，万狩云布。台阁参差，大兴舆驾。上有云气与仙人，下有孝友贤仁。尊者俨然，从者肃侍。煌煌濡濡，其色若儋。作治连月，功扶无极，价钱二万七千。

经过对上文引用的石刻题记与碑文内容的研究可以发现，汉代时的墓室与祠堂的画像石一般是通过以下几种制作工序进行制作的。

第一，死者的墓室需要由死者家属雇佣能够完成雕刻任务的技术优良的石匠对其涉及画像石的建筑进行设计与建造。由上文引用文献可知，在当时对芗他君的祠堂进行建造的人应当都是当时远近闻名的画像石工匠。更为重要的是，在这些画像石工匠中大多数人的户籍是高平地区的，由此可以认为当时的现今山东省西南部地区有一支由高平人组成的画像石工匠集团进行画像石的工作，这些人当中或许有亲缘关系。值得注意的是，工匠团体中的亲缘关系或者同乡关系在一定程度上能够帮助这些人集中力量办大事，不会相互猜忌，还可以为自身掌握的画像石技术的传承与提高提供强有力的保障。经过对一定区域内的汉代画像砖进行研究分析可以发现，这些画像砖的雕刻技法与艺术风格等等都有着极为强烈的一致性与继承性，这种外在表现可以在一定程度上佐证当年在该地区应当有画像石工匠组织的存在。

第二，画像石工匠在接受死者家属的雇佣之后要到当地附近的山上选择合适的石料，上列题记和碑文中提到的东阿县的"南山"，嘉祥县的"南山之阳"与"县西南小山阳山"，应该都是当地的生产石料的主要地方。画像石工匠在当地选取的石料必须是适合雕造的优等石材。在作者观察过的汉代画像石中，极少发现自然裂隙、凹陷和驳杂斑点，可见当时选采石料的工作是十分严格和细致的。

第三，画像石工匠在采集到石料之后需要将事先设计好的图纸进行加工，将采集到的石料加工成为符合要求的建筑构件。许安国祠堂题记中所说的"琢砺磨治，规矩施张"，无疑指的就是这种石料的再加工过程。其中"琢砺"，说的是用凿等工具将石料进行切割并打制规整，"磨治"指的是对打制规整的石材表面进行磨光的施工程序。对这些工作程序来说，在工作中经常会使用圆规与矩尺。

第四，对于已经磨制光滑的石料，需要技术精良的画工在这些平滑的石面上使用墨与毛笔进行线条的勾勒，将之作为底稿。在汉代画像石的制作过程中，实用工具进行线条勾勒绘制底稿的过程是一道决定之后成品优劣的关键步骤。在这一道工序中，画师自身不仅要对需要建造的建筑本身结构有着详细的了解，更重要的是，其自身需要具备高超的绘画技巧，这样就可以使画师做到不管是在面对哪一个部分的石料构件都会绘制相应的题材内容，做到心中有数，画技炉火纯青。所以说，在进行工作的时候，画师与石工之间需要有详尽的交流与沟通，做到深入的配合。在许安国祠堂中的画像石上面的题记有记载"搴帷及月，各有文章"，这一句话在这里指的是这种由画师在石面上用墨线绘制图像底稿的施工作业过程。"搴帷及月"，这个词是在说图像周围的装饰，这些装饰外形是垂幛纹边饰花纹带，引起外形为半月形，又被称为"及月"。"各有文章"，指的是各类边饰花纹，"文章"即图像的意思。有部分汉代墓室画像石出土于陕北的绥德与米脂等地方，这部分画像石的物象边缘如今还能清楚地看到残留底稿的墨线痕迹，因为现阶段发现的画像石上的一些墨线在施工雕刻图像时刻了一半，还有的画像石的墨线被完整地保留着，由此我们可以知道，这些画像石上的墨线是在石工进行雕刻之前就已经绘制上去的。

第五，画师在画像石上绘制好底稿之后就可以由石工按照这些墨线使用工具进行雕刻，最终需要使这些图案呈现出凹凸的立体效果。武梁碑文和许安国祠堂画像石题记中所说的"雕文"和"刻"，都是指的这种画像的雕造过程。

第六，在石工按照画师的底稿墨线雕刻完毕之后就可以由画师对已经雕刻完毕的画像进行着色，经过上色之后的画像石自身的颜色需要与整个墓室的壁画颜色相统一。武梁碑文和许安国祠堂画像石题记中"雕文刻画"的"画"，指的就是这种画工的施彩作业。对于许安国祠堂画像石题记中所说的"煌煌濡濡，其色若儋"这句话，各家解释颇存异义。李发林将这句话与前一句的"尊者俨然，从者肃侍"结合起来加以解释，认为是形容"从者"恭敬而高兴的表情[①]。但通观整段题记，从"蛟龙委蛇"到"从者肃侍"，谈的都是各类画像内容，前面的很多画像内容都没有加以特别形容，唯独对"侍者"情有独钟加以铺陈渲染，在文章体例上是说不通的，而且"肃侍"本身就是对"从者"的形容，已有恭敬的意思，再将后两句解释为意义相同的形容句，使文义有叠床架屋、画蛇添足之感。作者认为，这句话中的"煌煌"二字大意是指光彩夺目的、吸人眼球的艳丽色彩，这种色彩也经常被称为暖色，另一个词"濡濡"指的是一种宁静典雅、庄严肃穆的柔和色彩，这种色彩也被称为冷色。但是在"其色若儋"中的儋字经过查阅并没有发现与之相对应的解释，对于这种意义不明的字词，可以从文章的前后文进行语义联想，可以得知，该字应是用来形容画像本身的光彩夺目、精美绝伦。

在这里需要指出的是，在上述第五和第六两道画像石制作工序之间，肯定还存在着一个更重要的施工工序，就是有相关的工匠按照绘制好的设计图将上好矿物颜料的画像石安装完成。这是因为，为了便于画像的雕刻，第五道工序一般是在石材拼装成建筑物以前逐石分别进行的，而为了防止在拼装建筑物的施工过程中画像石色彩的人为损坏和脱落，第六道工序即对画像石施彩着色的施工作业，必须在建筑物拼装完毕以后才能进行。当然，四川省摩崖汉墓中的画像制作工序是个例外。这个墓室应当是先由工匠开凿好隧道式墓室与享堂，之后再进行画像雕刻，最后施以色彩。但一般汉代画像石的制作，都要经过这几道施工作业工序。

从芗他君祠堂石柱题记中，可以从记述当中发现明显的对工匠职业划分的记载，可以知道早在当时，技术工种就有了明确的分工。上述第二、第三、第五三种作业工序，应该主要由石工来承担，第四、第六这两种作业工序，应该主要由

---

① 李发林.山东汉画像石研究[M].济南：齐鲁书社，1982.

画工来承担。值得注意的是，由于这些画像石在经过雕刻之后都会有施以颜彩的步骤，所以当时的人们会直接将这些画像石统一称为画。

就比如在山东省苍山县发现的东汉桓帝元嘉元年的画像石墓的石刻题记中就使用了"薄疏椁内，画观后当"和"其中画，像家亲"的句子，对墓室中的画像内容进行记述，将这些墓室中使用的画像石统一称作"画"。值得注意的是，近年来在我国多地出土的画像石上的各色矿物质颜料依旧没有褪色。在1996年出土的一批汉代画像石上面的颜料历经千年依旧保存完好、颜色鲜艳，这种景象之所以出现就是因为当时的工匠按照底稿墨线对画像石进行雕刻之后，为保证色彩效果与视觉效果，画师需要使用足够多的矿物颜料填充到画像石的凹凸不平的地方，又因为画像石不会吸收矿物颜料，使得在千年的时光变迁中，附着在画像石上面的矿物颜料在逐渐的脱落，色彩能保存至今的实属偶然。就这点说，神木大保当墓的画像石，实在是考察汉代画像石制作工艺不可多得的珍贵资料。从汉代画像石的整体情况看，原来施绘的色彩在发现时都已脱落殆尽，将其作为绘画艺术来考察已不可能。换言之，现在我们能加以考察的，只有汉代画像石的雕刻艺术表现形式了。

第二节　汉代画像石的题材分类

现如今在全国各地发现的汉代画像石数量并没有经过精确统计，大致有几千块。随着时代的发展，越来越多的新材料被发现，使其数量在近年来不断地增加。现在已知的画像石选取的题材内容十分广泛，图像表现涉及了方方面面，这些画像石的出土有效地帮助我们更好地了解汉代时期的社会，作为形象化的资料，使得相关研究学者有了丰富的研究素材。

中国古代的传统思维模式一般表现为模糊性与不确定性，即同一件事物或者概念可以包含有很多的内容，而且，值得注意的是，这些内容本身也是随着时代的变化在不断地扩展的，更为重要的是，不同的事物或者概念之间也会有不同程度的相互之间的交叉。所以说，这些因素严重地制约了现代专家对画像石的题材内容的分类。汉代画像砖从兴起到没落一共经历了300多年，这300多年在历史长河中一般可以看作同一阶段。当年在不同建筑中的不同画像石中的不同内容大致是在表现当时的鬼神信仰与人们对于生活的追求。所以说，在当前的情况下，为了介绍研究的方便，本书对画像石题材内容的分类，仍采用较为普遍的分类方

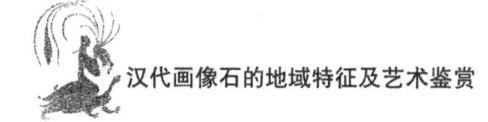

式，即将其分为四类，分别是社会生活、历史故事、神鬼祥瑞、花纹图案。

社会生活类的题材一般是在画像石上绘制日常生活劳动的种种行为，战争、献俘、武库、刑徒、养老、庖厨、宴饮、乐舞百戏、建筑物以及自然界中的动植物等。

历史故事类的题材一般是在画像石上绘制不同身份的人，比如皇帝、将相等。值得注意的是，画像石中的历史人物画像并不是单独出现的，一般情况下是成体系出现的，就比如山东嘉祥武梁祠西壁上的一套帝王图。另外还有的人物需要有着较为完整的故事内容进行表现，就比如文王世子、完璧归赵等故事。

神鬼祥瑞类的题材一般在画像石上使用女娲、伏羲、西王母、玉兔、龙、凤、龟、麒麟等神仙与祥瑞神兽。

花纹图案类。如平行条纹、菱纹、十字穿环（璧）纹、连弧纹、垂幛纹、连锁菱纹、菱环纹、连环纹、网格纹、三角锯齿纹、树纹、波浪纹、绳索纹、双曲纹、云朵纹、蔓草状云纹、卷云纹、云龙纹、兽面纹、复合花纹等[①]（图3-2-1）。

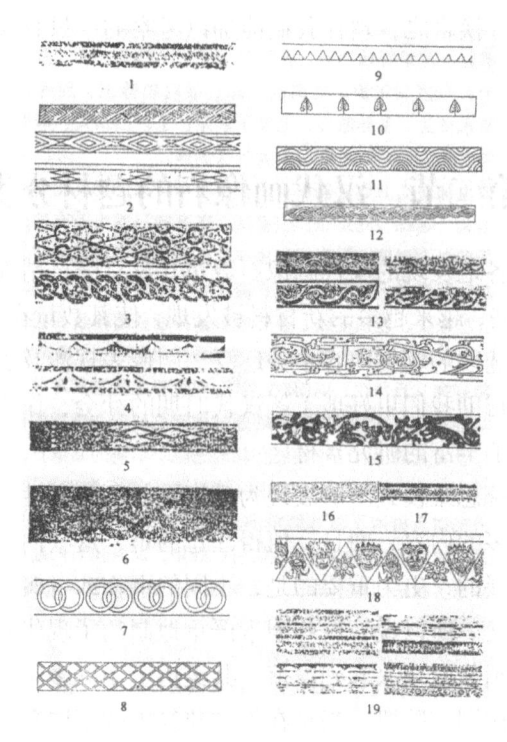

图 3-2-1　花纹图案

---

① 信立祥. 汉画像石的分区与分期研究[M]. 北京：文物出版社，1989.

总而言之，汉代画像石题材内容随着时间的推移在不断变化，在这个发展过程中，早期的画像石题材一般只有人物、树木、鸟等等简单的内容，使用的花纹也多数是几何纹。直到西汉末年，汉代画像石的题材逐渐开始丰富多样，直到东汉，尤其是东汉中晚期的兴盛时期，这段时间内的画像石题材随着雕刻技艺的发展进步变得多种多样、包罗万象。

画像石题材本身受限于自身创作的时代，有着极强的时代特色。需要从纵向与横向两个方面来看待时代性。从纵向上来看，汉代的画像石中出现了大量的以前从未出现的内容，这些内容大量出现在反映社会生活与历史故事题材的画像石中。在汉代之后的石刻艺术品中因社会背景不同，雕刻的题材内容也发生了变化。就比如传承至后来的孝子故事，之后还演化为相对固定的二十四孝的故事，内容进一步程式化；汉代画像石上大量出现的东王公和西王母以及祥禽瑞兽的形象迅速减少，乃至消失；反映生产活动的内容也极少见到。与此同时，又增加了许多具有其自身时代特点的内容。实际上，现如今以一种特定形式与内容存在的汉代画像石艺术已经消失了。从横向上来看，汉代画像石的题材内容并不是它独有的，在当时的很多艺术作品中都有存在。与画像石形式最接近的是画像砖和墓室壁画，其大量内容都是互鉴的。将汉代画像石艺术和王延寿的《鲁灵光殿赋》等文献相对照，可以看出，汉代阴宅和阳宅的建筑装饰内容在很多方面是重合的。在一些其他的汉代器物上面也可以看到汉代画像石上较为常用的题材内容，尤其是神鬼祥瑞类内容。这种一致性，从一个侧面也反映了汉代画像石艺术的时代特点。

汉代画像石分布地域辽阔，题材内容既有时代共性，也有一定的区域特点，如胡汉战争、历史故事内容多见于山东地区，天文图像多见于河南的南阳地区，狩猎放牧的图像多见于陕北地区。这些现象表明，在政治一统、文化趋同的汉代，由于各种原因，至今为止，文化自身的区域特征还在一定程度上存在着，正是这些特征充分反映了汉代文化艺术的种类繁多，光彩非常。

一、社会生活类

汉代画像石不仅能够反映墓主人对于死后生活的期盼，还记述了当时的汉代现实生活。

（一）反映农业生产的画像

汉代画像石上的内容从多个方面展现了当时的社会生活风貌、农业生产状况，迄今为止发现最多的是涉及农耕文化的牛耕图，主要发现于山东、苏北、南阳、陕北等地区。在发现的汉代画像石中的牛耕图,大多数都是二牛抬杠,就是使用一根绳的两端分别系住两头牛的鼻环,之后将一根犁横架在它们的肩上,这种形式能够充分发挥出牛的力量,据考证,这种犁地方法被普遍使用于汉朝的农业活动中。

在山东的滕州黄家岭发现的画像石上雕刻有能够反映当时社会生活的农业与手工业生产的图像,在画像石的上层雕刻的是锻铁图,在画像石的下层雕刻的是农耕图。在下层的图中雕刻有一人驾驭着一头牛与一匹马进行耕作,这种使用牛和马进行耕作的方式是第一次看到,这种耕作方式就说明了在汉代的时候,人们就掌握了许多涉及耕作方面的知识。牛耕图之后,是一农夫赶着一头牛,拉着长耙正在耙地。这种大型磨田器既可碎土,又可平地。有了这道工序之后,禾苗会出得更齐更壮。在这幅农耕图中,还有众多的农夫耘田、撒种、挽牛耕地、耙田,左边有人担食而来,为农夫送饭,表现了农民终日辛劳的情景。画像详细地展示了汉代时期的社会生活状态,正是因为这些资料,使得现代的专家学者能够深入研究了解但是的农业生产与农具发展。

位于陕北的画像石上雕刻的狩猎图多数表现为追捕野兽的情景。就比如在米脂发掘的一块墓地的墓室门楣的画像石上刻着一幅近三米长的狩猎场面。在这幅画面上一共有 18 位勇猛的骑士参与狩猎,他们组成了围猎队伍,这些人骑着马,使用着各种武器攻击着熊、虎、鹿、狐(图 3-2-2)。陕北的狩猎画像反映了边郡地区以射猎为先,修习战备的活动。

图 3-2-2 陕西米脂狩猎画像(拓本)

(二)反映手工业生产与楼堂庭院建筑的画像

雕刻在画像石上面的冶铁图清晰地展示了汉代时的冶铁技术,这幅画像石上的画面与发掘出土的汉代冶铁遗址互为佐证、相辅相成,生动地记述了汉代时冶铁业的发展水平。在所有已经发现的冶铁图中,山东滕州宏道院有关冶铁的画像石在内容上最为丰富。这幅画像石上的画面生动地展示了当年冶铁的全部生产过程，这些步骤就像如今的工厂流水线，每位匠人都有着明确的分工，工作时条理清晰。这幅画不仅表现了汉代时冶铁业的进步，也反映了在东汉晚期豪强地主经济的发展，这些人不仅拥有属于自己的家兵，还有着大量的财富。

汉代画像石上冶铁图虽然较为简单，但仍然引起了学者们的极大兴趣。人们最为关注的是冶铁图上的皮囊，研究结果表明，该皮囊虽然至今仍是汉代及其以前冶铁鼓风机的孤证，但在当时应是冶铁业中普遍使用的。

画像石上的纺织图像已发现的有十余幅，分别出现在现如今的山东、陕北、四川等地方，这些画像石上对纺织图像的大量记载充分反映了汉代时的纺织手工业的普遍性。

经过考古研究发现的所有纺织图像画像石在内容表现上有着不少相似的地方。山东滕州龙阳店画像石上有络车、纬车、织机等纺织工具，表现了络线、摇纬、织布的繁忙场面（图 3-2-3）。有些纺织画像处在楼阁庄园画像的一侧，反映了乡村或豪强地主作坊中的纺织作业。

图 3-2-3 山东滕州龙阳店纺织画像（拓本）

近年来，在山东、河南等地都有在出土的画像石上发现酿酒图，其中在酿酒图中雕刻内容最为丰富的就是出土于山东诸城前凉台汉墓的画像石，以及出土于河南新密打虎亭 1 号墓东耳室南壁西部的酿酒图。

值得注意的是，发现的山东诸城汉墓的酿酒图本来是一整块庖厨图画像石上的一部分。这块画像石详细地记述了中国古代的酿酒工艺，将其中的每一个步骤都清晰地雕刻出来。（图 3-2-4），反映了这种具有一定规模的酿酒作坊的生产场景。

图 3-2-4　山东诸城前凉台墓庖厨画像（摹本）

　　被发现于山东嘉祥洪山的画像石上雕刻有一幅制车图，这幅图形象且生动地将当年制车轮的全部过程表现了出来。在画像石的雕刻内容上可以清晰地看到有一名匠人左膝跪地，使用右脚踩住轮牙，之后左手拿着斧头，右手拿着凿子，使用这些工具为轮牙凿卯。在他的面前有一个车轮的半成品，匠人仅仅安装了一半多。在车轮上还悬挂着两个牙条。在匠人的背后是他的妻子，妻子的背上还背着孩子。另外，在山东嘉祥刘村洪福院与邹城的卧虎山上的画像石中也有与之内容相似的制轮图。

　　画像石上的建筑图像形式多样，既有重楼高阁、庭院重深、连廊水榭，也有祭祀的祠堂、储粮的仓房、河上的桥梁等，反映了汉代"豪人之室，连栋数百"和"高门纳驷"的府邸的豪华气派，为研究古代建筑史提供了重要资料。

山东诸城前凉台汉代画像石墓中有一幅庭院图。在这个庭院的前院右侧是大门的位置,门的两旁是双阙,在庭院中有一名仆役弓着身子迎接来访的客人,客人有两位,分别执笏。在中门两旁设有廊庑。二进院的右侧绘制有一条小溪,小溪当中有两人在撑船。在院子之中有一人拿着勺子,有一人正在扫地。在图像的左下方绘制有配院,其中二进院与三进院之间采用廊庑的形式连接,在院子的右后方是悬山顶的堂屋,在这间屋子的前面与左面都有配院,在堂屋后面是四进院。院子的四周使用回廊环绕。(图 3-2-5)。值得注意的是,在微山湖周围的鲁中南地区经常会见到水榭与楼堂相连的画像,当是水池上的建筑。由此亦可想见,庄园内部庞大繁复的情景。

图 3-2-5 山东诸城前凉台墓庭院画像(摹本)

在山东的画像石的祠堂后壁上经常会见到祠主受祭图,在楼堂刻制正视的立面图像,自从东汉早期一直到东汉晚期,现今发现的所有祠堂都是这种结构,这些画像也在一定程度上充分反映了墓主人的生活状态。

另外,在汉代人的心目中,"仙人好楼居",因此,有些画像石上的楼宇内刻画的便是天国仙人形象。如江苏沛县栖山石椁墓中椁左侧的内壁二楼刻画着西王母,在楼外是众位仙人,形态各异、动作不同。

画像石上表现的桥梁有木桥、石桥和砖木混建之桥等。木桥有斜拱、圆拱和平板三种类型,以斜拱木桥较为多见。石桥虽然不多,但从图像上看,当时的建筑技术却很先进。山东邹城高李村汉代画像石墓西壁泗水升鼎图上的石桥呈圆拱形,桥两边有护栏。山东苍山兰陵画像石车骑过桥图上的桥梁为砖木结构,以木料构成桥面,桥两边有护栏,右端的华表上停着一只鸟。桥下有两孔,中央及两边的桥墩为砖砌,桥墩两端斜拱部分也全用砖砌死。这大大增强了桥的承载能力(图 3-2-6)。

图 3-2-6　山东苍山兰陵车骑过桥画像（拓本）

（三）反映墓主人身份地位及生活情况的画像

这些画像石充分反映了墓主人在当时社会中的身份地位与生活状态，还有其一生的功绩。这些都生动地反映了汉代在社会生活与政治制度方面的各种情况，以及人们死后丧葬活动的情形。

车骑出行是汉代画像石上最常见的图像中的一种，有着各种形式的车辆用于出行，使用的马匹的数目根据个人的身份地位也不尽相同，除此之外还有各种随行人员侍奉左右，充分地展现了当时社会中有着较高地位的人的排场与威仪。经过研究分析与分类，可以将现如今发现的汉代画像石中的车骑出行图分为两类，其中一类是反映墓主人在生前的仕途经历的，如嘉祥武氏前石室即武荣祠三壁上部的画像石中雕刻的画面，在这幅图上雕刻有各式各样、不同种类的榜题，清楚地显示了武荣的为官历程和身份地位[①]。山东长清孝堂山石祠横贯三壁上部的"大王车"出行图表现的则是祠主参加诸侯王卤簿活动的经历。另一类表现的是墓主前往祠堂接受祭祀的情形，如山东沂南北寨村墓中室北、西和南门楣西段上的车骑出行图。该图前端，即南门楣西段东部，是一座两进院落的祠堂，长长的车骑队伍正向它走去。

在汉代时，儒学十分兴盛，在不少的画像石上都有讲经内容的刻画。在刻画的画像石上面多数情况下是经师在宣讲，下方有一群学生手捧书简跪坐静静地听讲。甚至于有些画像石的作用就是为了彰显墓主人生前的经学大师的尊贵地位。在东汉时期，许多豪门大族手里掌握着地方上的实权，开始垄断当时中央政府用来选拔人才的察举制，这就使得当时的人们为了仕途就必须拜入豪门大族的门下做"门生"，雕刻在画像石上的经学大师面前的学生多数就是这些门生。

刻画在画像石中的各种职业的画像充分反映了当时的豪强地主的奢华生活。其中涉及庖厨画像时，经常会出现甗灶与各种家禽家畜。画中的庖厨在进行着各种杀鸡宰羊的工作。对于庖厨的工作描绘得最为详细的就是山东诸城前凉台墓中

---

① 蒋英炬，吴文祺. 汉代武氏墓群石刻研究 [M]. 济南：山东美术出版社，1995.

的庖厨画像。该图刻在一块高 1.52 米、宽 0.76 米的石头上，由割肉、整理食案、切菜、剖鱼、烫鸡（雉）、宰羊、椎牛、杀猪、击狗、烤肉串、汲水、酿酒等内容组成。整个画面涉及的人物有四十三位，可谓人物众多，场面宏大[①]。

画像石上反映汉代人娱乐活动最有代表性的是乐舞百戏图。画像中描绘了墓主人迎客、祭祀等场景。其中以山东沂南北寨村墓中室东壁门楣上的乐舞百戏图内容最为丰富。表演的项目有飞剑跳丸、掷倒伎、戴竿、跟挂、腹旋、走索、马术、鱼龙漫衍（戏龙、戏凤、戏豹、戏鱼）、戏车、七盘舞、建鼓舞等十余项（图 3-2-7），演员二十八人。其中，乐舞百戏并不是一种规整、定型的表演，而是涉及各种变化形式的表演，在表演过程中涉及了竞技、杂耍、歌舞等。乐舞百戏充分反映了汉代时那种兼收并蓄、包罗万象的时代精神，乐舞百戏在汉代极为流行。

图 3-2-7　山东沂南北寨村墓中室东门楣乐舞百戏画像

---

① 杨爱国.汉画像石中的庖厨图[J].考古，1991（11）.

（四）其他

在汉代的时候，画像石被用于墓葬之中，画像石不仅可以作为特殊的建筑形式深刻反映出汉朝时期的丧葬习俗，而且把当时有关丧葬习俗的内容也刻在了石头上，使我们今天能看到汉朝时的丧葬文化。

位于山东沂南北寨村墓中有几处门楣上刻画有吊唁图。在绘制的画面中，死者家属会派门吏或者家臣在自家门前迎接所有来拜祭的人，这些来的人有的会鞠躬，有的会跪伏在地，整体表现为一派恭谨虔诚的姿态，还有很多人用食盒或者酒壶送来赠礼，甚至于有一家送来的是一个小祠堂，从更具体的画面上来看，有不少身份较高的人是骑着马来的，整幅画面上总人数一共有四十六位。

位于山东微山沟南村的画像石上面共分为三个格子，最左面是孔子见老子的画面，中间是出殡的画面。八人以绳牵引灵车，一人右手举功布，车右上方有二人随车行走，死者之子手执哀杖在车前伏地跪拜。灵车之后是八位死者家属分两列戴孝送葬。他们头上都有用长带结成的"首经""孝子"和车后的四位男子腰间还有用长带结成的"腰经"。右格，上部是山林，山间树木茂密；下部，在山脚下刻一长方形坑，当是为死者准备的墓坑。墓坑左右有人物若干位，当是挖墓坑的仆从和死者家属在等候灵车到来①（图3-2-8）。

图3-2-8　山东微山沟南村丧葬画像（摹本）

位于山东沂南北寨村墓中的中室南壁的门楣上面刻画着一幅十分壮观的祭祀图。南边门楣西段左侧有一个两进院落的祠堂。前立双阙，在阙下面有一个执盾的卫士恭敬地站立着。在祠堂前面有一个水井，在后院放置有供案与祭品（图3-2-9），在阙外面站立着十二个人用来迎接前来吊唁的人们。西、北门楣上面的车骑正在奔腾而来，在南门楣东段是庖厨图。在东门楣上有乐舞百戏图，这些画像充分显示了墓主人在死后所享受的祭祀的隆重场面。

---

① 王思礼，赖非，丁冲，万良．山东微山县汉代画像石调查报告[J]．考古，1989（8）．

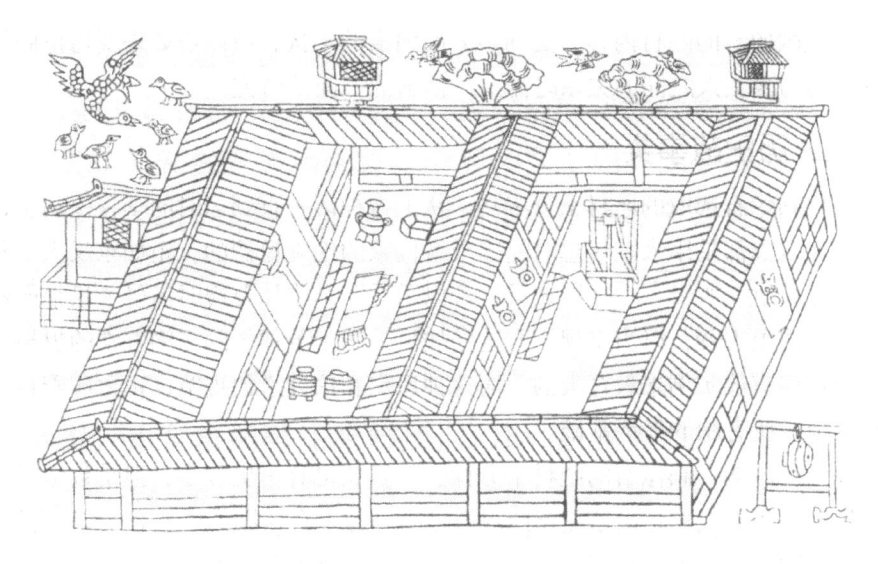

图 3-2-9　山东沂南北寨村墓中室南门楣祠堂画像（摹本）

汉代画像石上的一些内容还表现了墓主的特殊经历，如山东诸城前凉台汉墓画像石上的上计图和髡钳图。这座墓是汉阳太守孙琮的墓，他在世时管辖着十三个县。其中上计图反映的是当年十三个县向郡"上计"时的情形。这幅图的上面是宴客图，这是上计这一活动的一部分。在史料记载中，朱买臣官拜会稽太守之后，"衣故衣，怀其印绶，步归郡邸，直上计时，会稽吏方相与群饮"。所以可以知道，当时上计之后是要进行宴饮的，那么，上计图与宴客图出现在一起就是可以接受的。

一般情况下，墓主人的身份、地位等等都会反映到画像石中，但是也会有不与墓主人的真实身份产生关系的情况，这时的画像内容反映的只是当时社会的普遍思想与追求。如山东嘉祥宋山小祠堂下部和安徽宿州褚兰胡元壬祠堂下部的车骑出行图，就未必与祭祀对象生前生活有什么关系。宋山小祠堂规模很小，而且经过复原的四座小祠堂皆是出于同一个作坊，风格和内容布局完全相同，而胡元壬祠堂后壁中央所刻志铭中，也没有提到其生前曾做过什么官，但祠堂上刻的车骑出行图却甚是气派。再如山东长清孝堂山石祠、嘉祥五老洼小祠堂、宋山小祠堂、武氏三祠以及各地出土的零散的祠堂后壁画像石，其上所刻祠主夫妇受祭图皆是一个程式，只是细节有所不同，而且宋山小祠堂和武氏前石室及左石室后壁小龛体量相当，但祭祀对象生前的身份却是大不相同，可见画像石上刻画的社会生活的内容，与祭祀对象的生前生活并没有必然的联系。

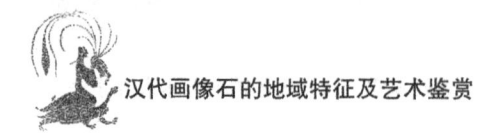

汉代画像石的题材内容会受到多方面因素的干扰，所以说如果要讨论画像石中的内容与墓主人之间的关系时需要严格求证，谨慎研究。

二、历史故事类

汉代画像石选取的题材十分丰富，从上古神话一直到当时的李善保幼主，这些内容大多数都是用来宣传忠君爱国或者儒家的伦理道德的，正如东汉人王延寿《鲁灵光殿赋》所云："恶以诫世，善以示后"。或如曹魏时何晏《景福殿赋》所云："图象古昔，以当箴规。"这些故事是基于董仲舒的三纲五常的思想，是儒家用这些道德实例来教育人的。而这种思想和伦理道德规范，正适应着自西汉以来大地主所有制的经济基础。

在西汉时期，画像石的题材十分稀少，虽然也有历史故事，但是数量很少。最先出现的历史人物是山东兖州西汉石椁墓画像上有榜题的"老子""孙武""秦王"。南阳杨官寺画像石墓中的"柏乐"也是较早出现的人物。

在东汉时期开始出现大量的与历史故事相关的画像石，这其中最为著名的就是武氏祠，在武氏祠中有着数十幅与历史故事相关的画像石。在西壁还有历代帝王图最为著名。武氏祠的历史故事画像可以说是形象化的历史教科书，是儒学在东汉社会深入人心的重要表现，同时也表明汉代人特别重视忠孝观念。其中的泗水升鼎描绘的是秦始皇至泗水升周鼎而未得的情景。汉代画像石中之所以多表现这个故事，主要是为了说明秦行暴政，天祚不长。

三、神鬼祥瑞类

汉代时的画像石上面经常会出现祥禽瑞兽与神鬼之类的特殊内容，这些内容十分复杂，包含了西汉与东汉时期的各种思想，就比如儒家学说、谶纬学说、阴阳五行、道家学说等等。这里面不仅有各种对于神鬼的迷信，还有两汉时期的人们对于宇宙的朴素认识。之所以在墓葬中刻画这些题材的内容，是为了祈求神灵的保佑，以使得自己可以在之后飞升成仙。值得注意的是，在画像石中的女娲与伏羲都是以始祖神的形态出现的，两人分别执规与矩，又或者掌托日与月等等，这些是为了祈求始祖神的保佑。

在汉代时，人们的观念里，仙界的主要仙人就是西王母与东王公。时间大概是西汉晚期，《山海经》中记载的"蓬发戴胜""虎齿、豹尾、穴处""司天之厉及五残"的可怕刑神被改头换面，成为一位美丽、慈祥的漂亮女仙人。直到东汉章帝与和帝时期，东王公被创造了出来。之后这两位神祇就被一同安置在了画像石墓中、祠堂的壁面上或者立柱的最高位置上面。呈现出左右或者东西互相对称的状态。在他们周围不仅有三青鸟等神兽护卫左右，还有各种仙人在旁侍奉。人们梦寐以求的不死药，也由那活泼的玉兔和笨拙的蟾蜍不停捣制着。由此观之，汉代时的人对于成仙有着十足的渴望。位于嘉祥武氏左石室室顶前坡东段有一幅祠主升仙图，在这幅图上面，东王公与西王母共同来到此地接引男女祠主飞升仙界。整个画面充满了欢乐而神秘的气氛。

同样是表现西王母和东王公以及其他神仙，各地的艺术家们却有着自己不同的表现手法。在四川，西王母在多数情况下是坐在龙虎座上面的，就比如位于彭山双河石棺上的西王母就是坐在龙虎座上的，在她的周围还有神兽与仙人随侍。在陕北的画像石上面的西王母与东王公经常是坐在悬圃上面的，就比如位于绥德刘家沟墓门立柱上面的画像。

汉代的画像石充分反映了汉代人对于神仙的想象，大多数是长有双翼的羽人。这些羽人大多数是侍奉在西王母或东王公周围的，可以从栾大身穿羽衣站在白茅之上接受汉武帝印绶的记载看，这些肩生双翼的羽人就是汉代时人们对于神仙的想象。

汉代画像石上的天象图以河南南阳出土的最多，且内容也最为丰富。有苍龙星座（图 3-2-10）、白虎星座、牵牛星座、织女星座、毕宿、箕宿等，日月相望、

图 3-2-10　河南南阳阮堂苍龙星座画像（拓本）

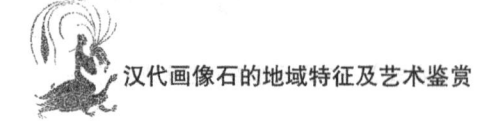

金乌载日、月精载月的图像更是比比皆是。对照各地汉代画像石和壁画上的星象图可以发现，汉代人对常见的星座已经有了共识。汉代画像石上的日、月图像，在表示天空的同时，更多地描绘了当时流行的天神传说。

山东嘉祥武梁祠祠顶有着很多的祥禽瑞兽图，前坡与后坡以栏格方式刻满各种祥瑞，如冥荚、黄龙、白马、渠搜、巨畅等。《春秋繁露》《论衡》《白虎通德论》等文献中都有记载各种祥瑞生物。如"比肩兽，王者德及鳏寡则至""比翼鸟，王者德及高远则至""璧流离，王者不隐过则至"之类。这些祥瑞的兴起主要是因为当时儒家的天人感应与谶纬学说，这些祥瑞之所以兴起就是因为统治者为了彰显自身贤明，官员为了彰显自身吏治清明，老百姓是为了得到明君，过上安定幸福的生活。

四、图案花纹类

严格来说，图案花纹并不能看作是汉代画像石的题材内容，但是，值得注意的是，这些图案花纹是汉代画像石中的重要组成部分，与上述的题材难以分离。

一般情况下使用三种情况对图案进行运用。首先是将其单独成幅，最终使得整幅画面都由花纹组成；另外是将其穿插进入以上描述的三类内容当中，就比如祥禽瑞兽图中还穿插着各种云纹；最后是将其作为装饰使用于上述三类内容的周边中。值得注意的是，尽管花纹图案并不是汉代画像石的表现主体，这些花纹图案自身也没有太明确的含义，但是它们的存在着实为画像石起到了十分优秀的装饰作用。这些作用于画像石中的花纹图案能够很好地衬托画像石的主题。

最开始的时候，花纹图案仅仅是凸棱形成的条带与石匠在加工石材时的凿纹组成的菱格纹，现如今发现山东与苏北部分石椁中的画像上的边栏就经常使用这种纹样。在东汉早期，这些图案花纹逐渐开始丰富与复杂，其中的穿壁纹、连钱纹等图案花纹开始出现，并通过多种方式进行排列组合。这些图案花纹的丰富从侧面反映了当时石匠个人技艺的提高。其中，图案花纹发展到鼎盛时期是在东汉中晚期，在这一时期的图案花纹种类丰富，并且已经形成了一定程度的地域特色。

经过考古发现，现如今山东发现汉代画像石上的图案花纹的种类多样，最为典型的就是处于安丘董家庄画像石上面的图案花纹。这块画像石上的图案花纹种类丰富、造型多样、雕刻面积十分巨大。这座墓的前室西壁上面的边饰就是将条带、三角、水波等纹饰进行组合实现的，占据了石面的三分之一面积。前室顶南坡的边饰组成和前室西壁的边饰组成几乎相同，它占据了三分之二的面积。在中室北壁西侧的方柱与中室东壁南北两侧的立石上面都刻满了各种各样的图案花纹，边栏是由垂帐、条带、水纹等纹饰组成的，中间使用的是经过变形的云龙图案，当时匠人对于纹饰的刻画十分细腻，变化多样。另外，位于嘉祥武氏祠中的组合花纹带呈现出统一、整齐的效果。

位于南阳鄂北地区的汉代画像石的边栏多数比较简单，很少使用组合花纹进行装饰，多数使用简单的条带、三角纹、垂帐纹等等纹饰进行装饰。在这些地区中最为出名的就是经常使用的流云纹填白，这些装饰纹样不仅在天象图中经常使用，还在一些祥禽瑞兽或者神话人物的图中经常使用。

在陕北或者晋西北地区的汉代画像石中经常使用卷云纹或者蔓草纹，这些纹样十分富于变化，并且，在图案纹样当中经常会有一些仙人或者祥禽瑞兽的图案。位于陕北的汉代画像石的墓门经常会使用整体设计的方式呈现，它的门楣与左右立柱上面的纹饰可以进行连接，就比如在米脂官庄的1号墓至4号墓、党家沟墓等等墓室的墓门都是这种表现形式。这些图案整体上表现为连续、美观、对称的形式。在四川、滇北等地区的汉代画像石很少使用花纹图案，这种情况的出现是因为当地的石材多数是砂岩，很难进行花纹的刻画，当地仅有的花纹中，有条带、三角、穿壁等图案，但是这些花纹并不是以组合花纹的形式出现的。

第三节　汉代画像石的雕刻技法

一、雕刻技法的分类

关于汉代画像石的雕刻技法，自20世纪以来，已有人进行了不少的分析研究，其中滕固早在20世纪30年代就对此作了较概括的分类。他指出："石刻画像正像欧洲的浮雕（Relief），有其自己的地位。"[1] "在佛教艺术以前，中国从未有过类乎希腊的浮雕。但中国的石刻画像也有好几种，如孝堂山和武梁祠的刻像，因为其底的磨平，阴刻的线条用得丰富而巧妙，所以尤近于绘画，像南阳石刻都是平浅浮雕而加以粗率劲直的线条勾勒，和绘画实有相当的距离。所以我对于中国的石刻画像，也想分类为两种，其一是拟浮雕的，南阳石刻属于这一类，其二

---

[1] 滕固.南阳汉画像石刻之历史的及风格的考察[M].上海：上海商务印馆，1937.

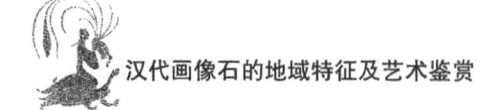

是拟绘画的，孝堂山武梁祠的产品属于这一类"[①]。虽然滕固当年受限于眼界，分类不够全面，但是他创立的这一套分类的原则在今天都没有失去意义。所以说，一般情况下，在石面上进行雕刻只有阴刻线条与阳凸浮起这两种形式。

滕固对汉代画像石技法的分类比较简单、概括，并不能够实实在在地反映出其多样的表现形式。而后在对汉代画像石雕刻技法的具体分类和定名上，虽也有各种不同意见和表述方法，但其趋向还是大体一致的。到 20 世纪 80 年代，对汉代画像石雕刻技法有了比较恰当而成熟的分类，即为阴线刻、凹面线刻、凸面线刻、浅浮雕、高浮雕、透雕六种，或进一步用考古类型学方法归纳为六型十二式。现依据上述汉代画像石雕刻技法的分类，并参照有关资料，论述如下。

（一）线刻类

线刻类技法刻成的作品，由于其自身并不需要表现所描绘物象的质感，所以说会将所要描绘的物象使用线条来表示其轮廓与细部。这种形式的画像石作品虽然可以被归类到石刻当中，但是也可以将其称为使用刻刀作为画笔进行的绘画。根据现有的拓片可以发现，这种线刻类的作品从本质上看就是一幅白描画，根据研究，线刻类的技法一共可以分为以下三种。

1. 阴线刻

阴线刻就是指直接在画像石的石面上使用阴线条对所需要的图案进行刻画。阴线刻的作品有一个极为显著的特点就是画像表面没有凹凸，此种方法的物象与余白在同一个水平面上。根据对石面采取的不同的处理方法，阴线刻技法的表现手法一般情况下会有两种表现形式。

（1）平面阴线刻

平面阴线刻就是将图像使用阴线刻的形式在平滑的石面上进行刻画。西汉晚期到东汉初期这一段时间是平面阴刻的出现早期，在这一段时期内，平面阴刻作品的线条整体上呈现出粗深而拙雅的效果，绘制的图案较为简单。如江苏连云港市锦屏山桃花涧汉墓石椁画像（图 3-3-1）。到了东汉中晚期，该类作品也发展到了晚期，绘制的图案较之前更为复杂多样，线条的运用炉火纯青，细如丝发，这种表现手法经常用来刻画一些大场面的图像，如山东诸城前凉台孙琮墓的庭院图画像石（图 3-3-2）。

[①] 滕固. 张菊生先生七十生日纪念论文集[M]. 上海：上海商务印馆，1937.

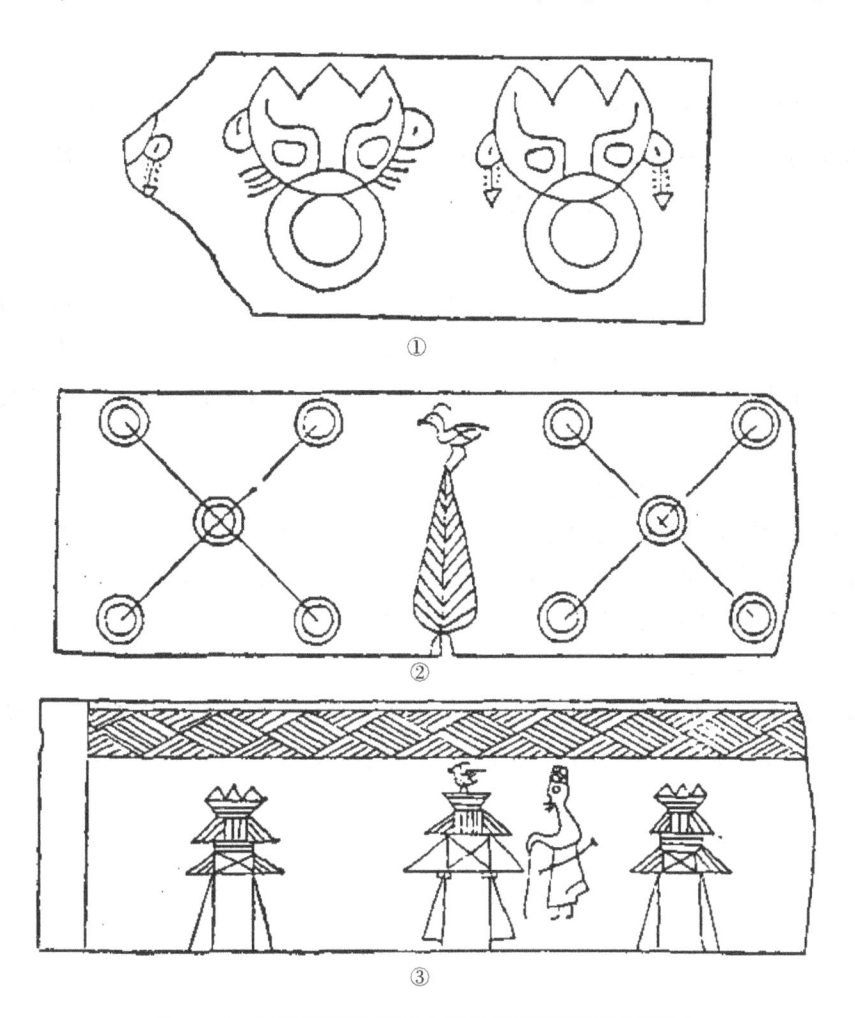

图 3-3-1 江苏连云港锦屏山桃花涧汉墓石椁画像摹本

（①为头部挡板画像，②为足部挡板画像，③为右侧壁板画像）

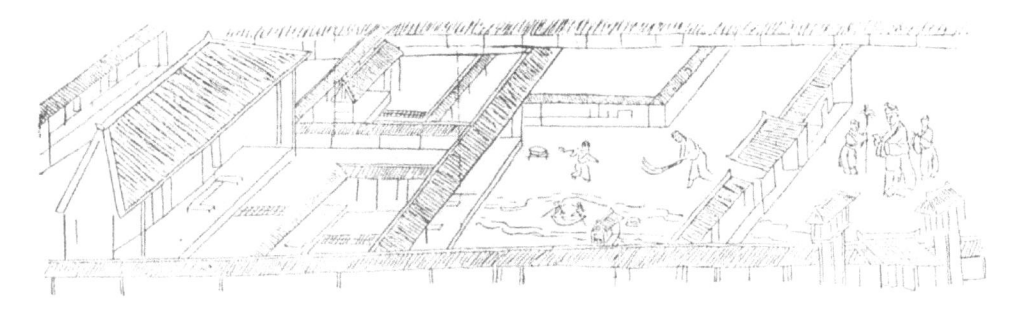

图 3-3-2 山东诸城前凉台孙琮墓出土庭院画像石（摹本）

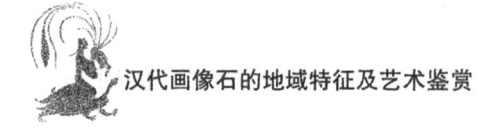

（2）凿纹地阴线刻

凿纹地阴线刻是一种在余白面留下平行凿纹的阴线刻技法。这种技法首先需要将使用的石面磨制平整，之后使用较粗的线条勾勒出图像，通过这种技法得到的图像整体上给人一种粗犷朴拙的感觉。

2. 凹面线刻

所谓凹面线刻，也有称其为凹面刻、凹像刻或凹入平面雕的，这些皆属此类刻法，通过阴线的雕刻技法来表现物象的细部，在石面上按照物象的轮廓线将物象的面削低，最终得到物象面略低于余白面的状态，这种技法现阶段一共有两种表现形式。

（1）凿纹地凹面线刻

凿纹地凹面线刻是使用各种工具通过平行凿纹的形式将石面打制平整，之后在这个平整的石面上进行图像的刻制。这种技法，流行于西汉晚期到东汉早中期。西汉晚期作品，如河南南阳赵寨砖瓦厂墓门门扉上的楼阁图和门柱上的门阙图（图3-3-3），线条呆板，图像简单，立柱和柱斗均刻成凹面，物象外各部分的平行凿纹方向不一。东汉早中期的作品，如山东省嘉祥县嘉祥村发现的祠堂西壁石画像，线条洗练，造型优美，余白面上的纵向平行凿纹上下一致，极为规整（图3-3-4）。

图 3-3-3　河南南阳赵寨砖瓦厂画像石墓门扉画像

图 3-3-4　山东嘉祥县嘉祥村祠堂西壁画像

（2）平地凹面线刻

平地凹面线刻是通过将余白面作为平面的凹面线刻的技法。山东省长清区孝堂山祠堂后壁下部的车马出行图就是这种技法的代表性作品，这一类作品就是使用工具在已经磨平的石面上将物象面削低，需要注意的是在削低的时候要将雕刻刀倾斜一定的角度，这样最终得到的凹下的物象面使周围低中间高的弧状凸起，会呈现出一定的质感（图 3-3-5）。

图 3-3-5　山东长清孝堂山祠堂后壁下部的车马出行图（局部）

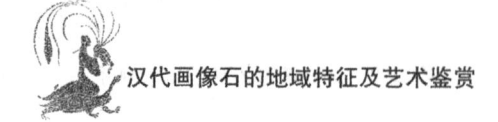

3. 凸面线刻

(1) 凿纹减地凸面线刻

凿纹减地凸面线刻是通过阴刻线条来表现图像细部的，使用余白面来为减地时留下的细密平行刻纹，如山东嘉祥武氏祠左石室西壁下部的水陆交战图就是用这种技法刻成的（图 3-3-6）。这种技法主要流行于东汉晚期的山东嘉祥一带，是因为近年来发现的东汉晚期的画像石大部分都是使用这种技法制作的。由于这类作品雕刻精美，雕刻之后得到的成品在图像上表现极为华丽，更为重要的是，大部分作品都会有题记，正是因为这些题记的存在使其受到了历史上众多金石学家的重视。著名的武氏祠汉代画像石群雕刻之精美细腻为同类作品之冠，以致被誉为汉代画像石之王。

图 3-3-6　山东嘉祥武氏祠左石室西壁下部的水陆交战图

(2) 铲地凸面线刻

铲地凸面线刻就是通过阴线对物象的细部进行刻划，之后将物象之外的余白面铲低得到平面，最终结果就是将物象面呈现出平面凸起的状态。但由于地方风格不同，余白面的铲低深度有明显差异。如江苏睢宁九女墩墓的门扉画像石，余白面的铲低深度只有2毫米左右，而山东滕州西户口村墓画像石的余白面比物象面要低2—3厘米左右。

(3) 铲地凸面刻

铲地凸面刻的物象细部并不是使用的阴刻线条，而是用墨线进行描绘，值得注意的是，需要将余白面铲低为平面。同时铲地凸面刻可以考证的主要是在东汉中晚期流行于汉代画像石的第三分布区即陕北和晋西地区。陕西绥德发现的东汉永元十二年（100年）王得元墓画像石，就属于这种技法的作品。由于这类画像石的拓片具有强烈的剪影效果，使这一地区的汉代画像石以鲜明的地方特色而闻名遐迩。在近年的考古工作中，考古工作者发现陕北地区的一些画像石上反复出现的同类物象，如车马出行图中的车马、骑吏等物象的轮廓线完全相同，证明画工在石面上绘制画稿时使用了"模板"类复制工这一现象，在其他汉代画像石分布区还没有发现。

（二）浮雕类

浮雕类的雕刻技法是为了能够凸显物象的质感，要做到这一点就必须先将物象面之外的余白面削低，这样就可以使物象得以明显浮起呈现出浮雕的效果，更重要的是需要将物象面削成弧面。可以将浮雕类的雕刻技法分为以下三种类型。

1. 浅浮雕

浅浮雕的雕刻技法主要是使用阴线刻表现物象细部，整体上表现为物象浮起较低。在西汉晚期一直到东汉晚期，跨时长达两百余年，在这段时间里浅浮雕的雕刻技法广泛适用于现如今划分的第一、第二、第四汉代画像石分布区，这种雕刻技法可以成为画像石雕刻技法中最为基本且最为重要的雕刻技法。值得注意的是，在这一雕刻技法中有着不同的表现形式，主要体现在对余白面的处理方法的选用上。首先是凿纹地浅浮雕，即余白面上留有减地平行凿纹的浅浮雕技法，如河南南阳的"二桃杀三士"历史故事画像石（图3-3-7）。其次是平地浅浮雕，即将余白面铲成平地的浅浮雕，山东省微山县两城山画像石就是用这种技法刻成的作品。

图 3-3-7　河南南阳"二桃杀三士"画像石

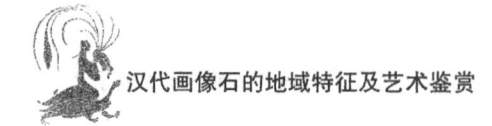

2. 高浮雕

高浮雕通过较深的铲地将物象浮高，将物象细部使用凹凸的不同来刻画，表现出立体的形态。因为这种高浮雕技法能够使画像石表现出十分强烈的立体感，所以一般情况下将其配置在一些较为醒目的位置。四川成都曾家包汉墓的门扉画像石（图3-3-8）就是这种技法的代表作。

图3-3-8　四川成都曾家包画像石墓门扉画像

3. 透雕

透雕技法是在高浮雕的基础上进一步发展的技法，它通过将物象的一些部分进行镂空处理，最终使得物象自身接近于圆雕。山东安丘董家庄画像石墓的前室中柱下部雕像（图3-3-9）就属于这种技法的作品。少数具有圆雕风格的作品，如江苏徐州青山泉白集画像石墓劭中室西壁的羊形柱础（图3-3-10）也被视为属于这种雕刻技法的作品。

图 3-3-9　山东安丘董家庄画像石墓前室中柱下部画像

图 3-3-10　江苏徐州青山泉画像石墓羊形础石柱

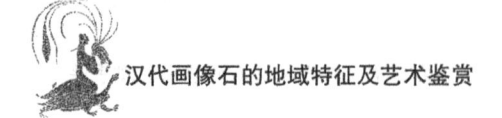

在上述六种雕刻技法中，阴线刻、凹面线刻、凸面线刻属于滕固所说的"拟绘画"类技法，浅浮雕、高浮雕、透雕属于滕固所说的"拟浮雕"类技法。

第一种的阴线刻技法是迄今为止已知的最早出现的雕刻技法，它被广泛使用于西汉晚期到东汉初期的山东南部、江苏北部、河南南阳等地区，值得注意的是，平面阴线刻在山东南部与徐州至连云港的江苏北部地区一直流行到了东汉晚期，在时光变迁中，平面阴线刻的雕刻技巧不断提高，晚期的作品线条整体表现准确流畅，绘制的图案精美，整体上达到了出神入化的程度。

第二种技法是凿纹地凹面线刻，主要流行于西汉晚期至东汉早中期的第一、二分布区，但是到了东汉晚期，这一类技法就已经不再多见了。平地凹面线刻主要流行在东汉时期的早期与中期之间，迄今为止只在第一分布区的山东长清与肥城一带有发现，使用这种方法制作的画像石被认为是汉代画像石中最为精美的作品之一。

第三种技法最早出现于东汉早期，之后流行于东汉中晚期的第一、三、五画像石分布区，是当时最流行的雕刻技法之一。

第四种技法是浅浮雕技法，它是最早被应用于河南唐河县建于王莽天凤五年的冯孺人墓中的画像石上。另外，除了第三分布区的画像石之外，这种雕刻技法被广泛应用于其分布区的画像石雕刻中。全国一半以上的汉代画像石为这种技法刻成的作品。由浅浮雕经过发展演变实现了高浮雕与透雕技法的迭代，但是这两种技法目前只出土于现如今的第一、二、四分布区中的东汉晚期的画像石作品中。在这些画像石分布区中，第一分布区的画像石的雕刻技法最为多种多样，经过研究发现其囊括了所有的技法。

最后要特别说明的是很多汉代画像石余白面上存在的平行凿纹的作用问题。日本长广敏雄认为，这些平行凿纹，是为了涂抹给画像石施彩的石灰层由石工留下的毫无装饰意义的凿痕[①]。但这是没有根据的，首先，除了极少数后世重新加以利用的汉代画像石之外，迄今为止，还没有发现一块平行凿纹上涂有石灰层的汉代画像石。此外，这种平行凿纹，如武氏祠画像石的平行凿纹，雕刻得极为精致细密，与图像浑然一体，相得益彰，如果仅仅为了涂抹石灰层，胡乱刻些"凿痕"即可，根本不必如此大费其工。因此，最终结果呈现出来的余白面上的平行凿纹在当时的石工看来是一种装饰的纹饰。

---

① （日）长广敏雄.南阳画像石[M].东京：京都大学人文科学研究所研究报告，1974.

二、汉代画像石雕刻技法的发展

在汉代画像石的六类雕刻技法中，阴线刻是出现最早的，大致在西汉中晚期。在山东、苏北和河南南阳两个汉代画像石中心区域的滥觞阶段，都使用了这种雕刻技法，但是这种雕刻技法存在的时间十分长，在长时间的变化中，这种雕刻技法早已经变换了多种表现形式。较早时期的阴线刻多数情况下线条较为粗壮，最终的图案也比较简单，一般情况下是在一些较为粗糙或者有凿纹的石面上进行雕刻的。在之后的发展中，阴刻线在东汉晚期逐渐形成了线条纤细流畅、构图饱满、形象生动的表现形式，相较于早期的阴刻线更显成熟。

凹面线的雕刻技法经过考证，出现的时间比阴刻线晚，经过考古发现，这种技法的雕刻作品出现在西汉晚期的画像石中。经过研究发现，凹面线的发展历程主要是通过早期的阴刻线进行递变现象的变化之后出现的。

凹面线刻是把原来用阴线在石面上刻画的图像，整体加工成光平的凹面，但是细部仍用阴线刻表现，物象外的石面布满打制后留下的凿纹。凹面线刻得到的图像效果相较于早期的阴线刻的雕刻效果更为醒目，在记载中，这种雕刻技法主要流行于西汉末年到东汉末年这一段时间内，但是山东等地的一些画像石也有沿用。

凸面线刻的雕刻技法的出现时间相较于以上两种雕刻技法的出现时间比较晚，大概流行于东汉中晚期。凸面线刻技法与早期的阴线刻、凹面线刻都有着一定的递变关系。从专业角度来看，在工艺技术上，凸面线刻是对阴线刻与凹面线刻的一种技法上的完善，主要是通过在磨制平滑的石面上使用阴线刻绘制好物象之后，在已经绘制好的物象之外的石面上增加了减地的处理工序，由此使得物象呈现出凸起的效果。凸面线刻的雕刻技法主要用于线刻，这种技法的线条与早期的阴线刻与凹面线刻相比，在线条的表现程度上更显成熟。

浅浮雕的雕刻技法出现的时间比较早，根据史料记载与考古发现，一般可以确定该技法曾在西汉晚期的南阳地区被使用，直到东汉时期，山东、苏北、豫东等地区也开始流行这种技法。大致上说，浅浮雕早期的工艺技术略粗糙，后来较精致，形象也更加准确、生动。至东汉早期，凿纹地浅浮雕发展成为河南南阳地区画像石中一种较成熟的雕刻技法。山东微山两城东汉中晚期画像石，石面剔磨平整，物象凸起，细部以阴线刻划，形象生动优美，为一种发展成熟的浅浮雕作品。

高浮雕、透雕两类雕刻技法一般应用于东汉晚期的墓葬建筑物中，两类雕刻技法被用在这些建筑物的一些特殊部位，如门额、过梁、立柱等处，很少会在汉

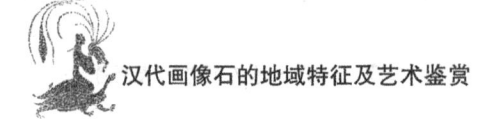

代的画像石中使用。就表现形式而言，它确实突破了线刻画的局限，更不能视作由阴线刻等技法演变来的。它是汉代画像石兴盛时期为仿效地面建筑的需要而采用的。

纵观整体，尽管已知的各种雕刻技法出现于汉朝时期的不同时间点，但是经过研究发现，这些雕刻技法之间存在着相互发展、互相递进的关系，这就是一种交错并存的现象。值得注意的是，这些雕刻技法不仅在同一个地区有着共存的现象存在，就算是当年的墓室中或者祠堂中，都会有将某种雕刻法作为主体雕刻法，兼有其余的雕刻法，这种现象足以证明几种雕刻法是共同存在的，这些雕刻法的作品在地域不同、时间不同等因素下表现出来的作品的发展水平与艺术风格各不相同。所以，在研究汉代画像石雕刻技法的时候不能简单地将这些雕刻技法进行线性排列，不能脱离汉代的历史文化背景。汉代各种雕刻技法之间是交错发展、互相影响的，直到东汉晚期，终于出现了各种出类拔萃的雕刻技法，互相之间争奇斗艳。

第四节　汉代画像石的构图方式

汉代时期画像石的构图方式经过研究可以归纳总结为图像配置方式、空间透视法与图案装饰法。

一、图像配置方式

经过时间的不断变化，汉代画像石也在不断地发展进步，不管是墓室的画像石还是祠堂的画像石，其中表现的内容与画像的面积都在随着技术进步不断地扩大增加，值得注意的是，图像配置方面，墓室画像逐渐从没有规律过渡到了有一定的规律。在西汉中晚期较为大型的汉代画像石墓中，虽然墓主人可以选择在墓室中刻画大面积的壁画，但是最终只在门扉或者门柱这些较为显眼的位置进行刻画，很少能够在墓室中看到画像。就比如在河南南阳的杨官寺中的画像石墓与南阳赵寨砖瓦厂的画像石墓中。另外，在同一块画像石上面经常会在中间没有明确界限地配制很多不同内容的图像。就比如南阳杨官寺画像石墓主室门扉所雕刻的四组图像，这些图像之间并没有明确的界限，后来人只能通过对图像之间的距离才能分辨出它们属于四幅内容不同的图像。这种现象在江苏徐州一带西汉末到东汉初的小型画像石椁墓中表现得尤为突出。1977 年在江苏沛县栖山发掘的一座王莽前后的画像石椁墓是目前发现的最重要的早期汉代画像石墓。墓中共有三具石椁，其中中椁四壁的内外满刻画像，而以石椁东、西侧壁板内面的画像内容最为丰富。以石椁西侧壁内面为例，在横长的石面上，墓主楼阁六博图、双阙图、墓主车马出行图、歌舞图、庖厨图等多种内容不同的图像既无界限又无距离地密集刻在一起，其图像内容如果不经过仔细认真地观察研究，恐怕谁都难以辨清（图3-4-1）。

图 3-4-1　江苏沛县栖山石椁墓中椁内壁画像摹本

可想而知，早期的汉代画像石大多数就是将各种不同内容的画像毫无明显界限的配置在一起。在王莽时期的南阳地区或者东汉初年的山东与徐州地区，工匠们逐渐摒弃了之前无规律的画像配置方式，逐渐形成了分层配置法与独立配置法两种图像配置形式。

分层配置法就是将一块较大的石面，使用工具进行水平隔离带的刻画，之后将其分割成多个小画面，在每一个被分割好的小画面中填充图像。这种配置方式常用于祠堂中。在近年来发现的山东嘉祥宋山的小祠堂西侧的画像石（图 3-4-2）上面就将石面分割成了四个小画面，在这四个小画面中分别刻画着西王母图、"周公辅成王"图、"提弥明杀犬救赵盾"图、祠主车马出行图。需要注意的是，当时的人们并不是随意地对画面进行分割并进行图像刻画的。在当时，西王母是神，居住地方是昆仑山，这里最接近天界，所以被刻画在最上面；该祠堂的祠主居住地方是比现实的人间世界还要低的地下世界，所以被刻画在了最下面；另外两幅图讲述的都是人间的故事，所以被放在了中间两层，又因为这两件事发生的时间不同，所以有按照时间顺序进行上下排列，最终是发生时间较早的周公辅成王在第二层。

图 3-4-2　山东嘉祥宋山小祠堂西壁画像

　　根据现如今发现的历史信息与各种资料可以很明显地发现，不仅是汉代画像石，几乎全部的绘画作品都是使用的上下位置关系，很少有左右的位置关系的画。所以说，在汉代时期最常使用的就是分层配置方法，这种方法不仅是最常使用的，还是最重要的。与之相反的是，对于一些需要对较为重要的画像内容进行深入表达的画像，就会使用独立配置法，这种方法不会在画面上进行层的划分，在创作过程中，每块画像石都能够表达一个完整的图像，这些图像的边缘经常会使用各种装饰花纹与其余的画像进行隔离区分处理。例如，山东沂南北寨村汉代画像石墓中室西壁所刻的两幅历史故事图像，下部的"荆轲刺秦王"图和上部的"聂政刺侠累"图，由于中间隔有由三角纹和垂幛纹组成的装饰花纹带，使人一见即知这是两幅独立的画像。在现如今发现的各种墓室使用的画像石内容中，最为常见的就是在门楣与横梁上绘制墓主人的车马出行图，使用的配制方法也是独立配置法。毫无疑问，在这种独立配置法中，装饰花纹带起着重要作用。

二、图案装饰技法

汉代画像石周边的装饰花纹有着十分重要的作用，是画像石艺术不可缺少的重要组成部分。汉代画像石的装饰图案一般情况下采用的是带状形式在主体图像的周围进行雕刻，将这些带状花纹作为这幅主题图像的外边框。经过对发现所有汉代画像石周围装饰花纹的研究，可以确定，画像石的装饰花纹按照图案因素的构成可以分为简单图案形式（图3-4-3）与复杂图案形式（图3-4-4）两种类型。

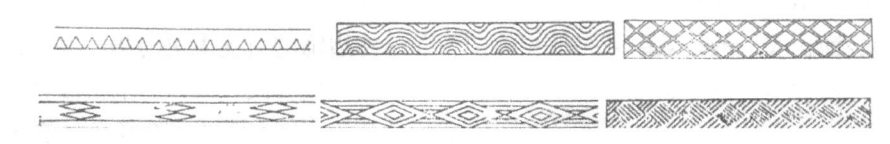

图3-4-3　汉代画像石的简单图案形式

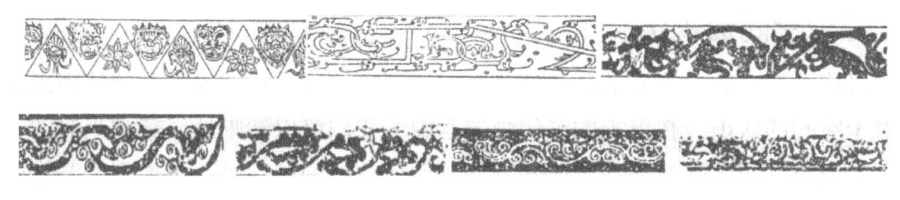

图3-4-4　汉代画像石的复杂图案形式

这里指的简单图案形式是那些可以利用直尺与圆规就可以很轻松地绘制出的装饰图案。即，这些图案的主要构成要素就是圆弧与直线。这一类的装饰图案主要有平行凿纹、三角纹、菱形纹等等。与之相对的是复杂图案，这些图案只使用直尺与圆规并不能轻易绘制，必须经过人的双手精心绘制才能够得到。从构图要素上来看，复杂图案的形式要远远复杂于简单图案的形式，构图的线条大多数情况下使用的是没有任何规则的曲线。这一类的图案花纹主要有水波纹、绳索纹、流云纹等等。简单图案形式最早出现于西汉晚期，一直到东汉晚期还在被大规模使用。复杂图案形式大概出现于东汉中晚期前后，直到东汉晚期发展鼎盛。在汉代，不同时期、不同地区的工匠使用的雕刻手法不尽相同，技术水平参差不齐，使得现阶段发现的各种汉代画像石都有着不同的风貌，最为典型的就是处于东汉晚期的图案花纹，这一时期的图案花纹构图精美、线条流畅、图像灵动、变化多端。

图案纹样的多样化可以通过流云纹进行讲述，仅仅一个流云纹就有普通流云纹、卷草状流云纹、神兽流云纹等等多种多样的图案形式，就算是同一种流云纹，在不同的画像石上面的图案构成也不尽相同，现阶段很难找到两块流云纹这一装饰图案一模一样的画像石。从西汉晚期一直到东汉初期的画像石上面的主体图像

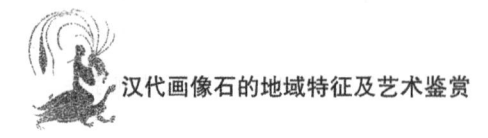

周围的边饰大多数是使用简单图案形式中的某一种图案花纹进行组合。

汉代画像石的边饰花纹艺术从东汉初年开始以一种极为迅猛的速度发展,在画像石中,装饰花纹占用的面积与之前相比逐渐增大。有些在陕西北部地区出土的画像石上面的装饰花纹的面积一度超过了主体图像的面积。在山东与江苏北部地区的画像石中,开始流行一种复合装饰花纹,这种装饰花纹是由几种单层的二方连续花纹带进行互相重叠组成的,最终呈现为相当宽的复合装饰花纹带。在东汉晚期的山东嘉祥武氏祠与安丘画像石墓等的地方的画像石中都大量使用了这种复合装饰花纹,最终效果就是使主体图像在这些边饰的衬托下更为华丽典雅,这些装饰极大地提升了画像的艺术性,这些画像因此成为汉代画像石的最高艺术成就的杰作。另外,这些装饰花纹不仅有装饰的作用,还可以在图像中作一种不同层次的分界线。

三、空间透视法

汉代画像石的最重要的技法就是空间透视法,这种构图视点充分体现出了人类对于空间的认识,在出土的汉代画像石中,我们可以清晰地了解到当时的人们对于人类与空间之间的关系的认知发展。值得注意的是,汉代画像石的制作中,不仅有等距离散点透视构图法,还有焦点透视构图法,一共两种空间透视构图法。

(一)等距离散点透视构图法

等距离散点透视构图法是指需要从同一个方向上,用等距离的视点捕捉所需要的所有想要表达的事物,根据捕捉的结果,将所有的事物描绘在画面上。经过研究可以发现,在汉代画像石上至少有四种表现形式来表现空间透视法。

1.底线横列法

底线横列法是一种使用等距离散点透视法进行事物描绘的手法,这种描绘手法并不需要看它的纵深位置,只需要将其横向排列在画面上的同一底线上就可以。即,通过这种构图法可以将现实中的三维事物转化为画面上的二维,最终结果就是,观看者并不能看到所描绘事物自身的纵深关系,所描绘事物之间的相互关系只能通过这些事物之间的左右位置或者身姿手势才能发现。如图3-4-5所示中的《孔子见老子图》位于山东长清的孝堂山祠堂的后壁上面,这幅画像石就是使用这种底线横列法进行绘制的,这种空间透视法是汉朝时十分基本且重要的透视法,现如今发现的所有汉代画像石中,有近乎一半以上的图像是使用这种空间透视法进行构图的。使用这种空间透视法主要是对人物或事物进行侧面描绘,这种透视法早在战国时期就已经被广泛使用了，就比如河南省辉县赵固1号墓所出铜鉴上刻的《大蒐礼图》及汲县山彪镇1号墓出土铜鉴上刻的《交战图》都采用的是这种透视构图法（图3-4-6）。在西汉初期的湖南长沙马王堆1号墓中的非衣帛画图像中就是使用了这种构图方法。由此可知，汉代时的这种构图方法应当是继承了战国以来的这种空间透视构图法。

图3-4-5　山东长清孝堂山祠堂后壁的《孔子见老子图》摹本（局部）

图3-4-6　河南汲县山彪镇1号墓出土铜鉴上的交战图（局部）

需要注意的是，底线横列法自身有着十分严重的缺陷，难以被解决，这种透视构图法无法充分表现纵深空间中的一切事物。汉代时的工匠为了解决这一难题，在底线横列法中加入了移动视点的方式，从而发明了等距离散点透视的新的表现形式。

2. 底线斜透视法

底线透视法是通过将需要描绘的事物在画面的同一底线上进行横向排列，之后将视点转移到斜侧面，最后需要沿着纵深空间将同类事物进行整齐排列，最后便会在画面上将其侧面轮廓线进行互相重叠。总而言之，需要对所要描绘的事物进行等距离的水平斜侧面透视，之后就可以将沿着纵深空间进行整齐排列的同类事物以相互重叠的侧面轮廓线的形式表现出来。就比如处于孝堂山祠堂后壁的画像石，被称为《大王出行图》，这幅雕刻作品中的大王车图像（图3-4-7）就是采用了底线斜透视法，最终效果就是图中驾车的马因为有四匹，所以马的头部、胸部、足部的右侧部位都出现了重叠，这些重叠十分整齐，呈现出了极为漂亮的侧面轮廓线。这幅图能够让观者十分清晰地了解到作者使用的是右斜侧面底线等距离透视法。这种透视法的使用就有效地将一幅二维的画面调整为了三维的画面。这种透视法，在描绘波澜壮阔的车马出行图时经常使用。

图3-4-7　山东长清孝堂山祠堂后壁《大王出行图》摹本（局部）

3. 等距离鸟瞰斜侧面透视法

通过在底线斜透视法的基础上进一步提高视点就可以实现等距离鸟瞰斜侧面透视法，需要注意的是这种透视法不仅可以在纵深空间上能够整齐排列同类事物的侧面轮廓线，还可以使事物的上部轮廓线也可以在画面上进行整齐排列重叠，最终能够更清晰地表现画面的三维效果。这种透视法与底线斜透视法被经常用于汉代时期的画像石中的车马出行图上（图3-4-8）。这种透视法可以在画面上体现出骑吏行列的排列整齐，在纵深空间上，作者将靠近观察者的骑吏放置在了画面的最下面，即底线上，将离观察者较远的骑吏放置在高于底线的位置上，最终出现的效果就是，在后部或下部的骑吏被近处的骑吏所遮挡，并不能看到全貌，只能看到左部与上部。所以说，如果使用这种方式进行构图会使得处于纵深位置上的物象脱离底线，这种处理方法与之前的底线斜透视法相比有了长足的进步。此外，画像石中的庭院图也有使用这种透视法构图，比如山东诸城的孙琮墓中的庭院图，这幅图中沿着纵深空间进行整齐排列的建筑与上下平齐的建筑经过等距离鸟瞰斜侧面透视法的处理后，沿纵深空间排列整齐的建筑被修改成了斜向整齐排列的建筑行列，沿纵深空间上下平行排列的建筑被描绘成了上下平行排列的建筑行列。

图 3-4-8　河南南阳七孔桥画像石墓门额上的车马出行图

4. 上远下近的等距离鸟瞰透视法

为了表现一些沿着纵深空间进行多层次排列的复杂建筑群，可以选择上远下近的等距离鸟瞰透视法，这种透视法是通过将视点提高做到的，将视点提高之后就可以在正面方向上对每一个事物群进行等距离的鸟瞰透视，之后需要按照上远下近的原则，将处于纵深空间上的事物进行描绘，需要从画面底线向上逐步进行描绘。最终就可以在画面中使用上下的位置关系来表示现实生活中远近关系的事物群。

山东诸城东汉晚期孙琮墓的《髡刑图》（图 3-4-9）就是用这种透视法构图的典型画例。总而言之，在等距离鸟瞰斜侧面透视法中，包含了上远下近的透视构图原则，但是这一个透视法只是将上远下近作为其唯一的透视构图原则，之后在构图上进行了十分充足的表现。值得注意的是，上述四种表现形式在汉代画像石的制作过程中，工匠经常会选择两个或多个进行同一个画面的刻画。比如，在使用了等距离散点透视法构图的画像石的画像中，大多数情况下会有透视法不统一的现象存在。例如，在图 3-4-7 的山东长清孝堂山祠堂后壁的《大王出行图》中，"大王车"及其前面的鼓乐车用的是底线斜透视构图法，而"大王车"前后的骑吏行列则用了上远下近的等距离鸟瞰透视法来进行构图。

图 3-4-9　山东诸城前凉台孙琮墓出土《髡刑图》画像石摹本

值得注意的是，在已经发现的汉代画像石中，有一些摆在两个人之间的器物，这些器物摆放的位置很低，如果不仔细看很难看到。这种被经常使用的垂直鸟瞰透视法是将物象直接绘制在画面上，猛然一看会有一种所绘图像悬在空中的感觉，这就使画像不太协调。如图 3-4-10 所示是山东微山县两城山出土的一块祠堂后壁石中层所刻宴饮图中的陆博图像，图中的人物使用了底线横列法和底线斜透视法来表现，但两位主要人物之间所放置的陆博局盘却使用了垂直鸟瞰法来表现，好像局盘不是平置在几案上，而是悬挂在正面的墙壁上。

图 3-4-10　山东微山两城山出土宴饮画像石

有的画像石的图像，由于透视法不统一所带来的视觉矛盾非常突出，令人无法分辨画面中所展现的场景究竟是什么地方。如图 3-4-11 所示是山东省嘉祥县武氏祠左石室（据推测为武开明祠堂）西壁下部的水陆交战图，画面下部画一座跨河的桥梁，桥下为舟船水战的场面，桥上为骑卒陆战的场面。如果按照上远下近的透视构图原则，画面上部应为桥后的河面，但这里描绘的却是不应有的陆战场面。日本学者土居淑子认为，画面上部表现陆战场面的陆地应是桥两侧的地面，为了集中全面地表现战争场面，作者在设计画面时，将与桥成直角的地面旋转了九十度，使其与桥平行展开[①]。但这样一来，图中所描绘的陆战场面究竟发生在桥的哪一侧就完全无从推测了。很显然，这种透视构图法不统一所带来的视觉矛盾，是等距离散点透视构图法本身无法克服的。大概正是由于这一原因，在东汉晚期，制作画像石的工匠开始在画像石的构图中使用焦点透视法进行构图。

图 3-4-11　山东嘉祥武氏祠左石室西壁下部的水陆交战图

（二）焦点透视构图法

焦点透视法的原理，需要通过一个已经固定的视点去观察和捕捉物象。这种透视法与等距离散点透视法有一点很不相同，就是关于视点的位置，焦点透视构图法的视点不能移动，只可以通过这个固定的视点对物象进行观察与描绘；等距离散点透视构图法可以在确定物象之后不断地对视点进行移动，所以说这种构图法的视点是可以有很多个的。总而言之，焦点透视构图法对于物象观察获得的视觉效果与人的肉眼进行观察的实际效果是一致的。

经过考古研究发现，使用焦点透视构图法的画像石的数量并不多，所有涉及这一透视构图法的画像石作品都是东汉晚期的。其中最为典型的就是山东汉代画

---

① （日）土居淑子.古代中国画像石[M].京都：同朋舍出版，1986.

像石上雕刻的宴饮图，在画面的右部有宴饮场面，将这个场面中拜访食具的通道作为中线，剩下的是沿着纵深空间两排宴饮的宾客，正是因为这幅图采用的焦点透视构图法，所以通道从画面底线开始越来越窄，最终呈现为等边三角形的形状，作者将宴会的主人摆放在了这个等边三角形的最上面，最终得到了一个主次分明的画面格局。还有就是山东费县潘家疃的汉代画像石中雕刻的楼阁图（图3-4-12），这幅图描绘的是庞大楼阁形状的建筑，有很多层，因为作者在进行构图的时候采用的鸟瞰焦点透视法，通过建筑中各个侧面的轮廓线变化，成功地将建筑自身的立体空间清晰地表现了出来。经过这两个例子可以清晰地发现由于使用焦点透视进行构图，成功地解决了其余透视构图法中的视觉矛盾。

图 3-4-12　山东费县潘家疃画像石墓出土楼阁画像石（局部）

如果从物理学的角度上研究等距离散点透视法与焦点透视法就会发现，等距离散点透视法本身是不符合物理学常识的，在科学上看来是不合理的，焦点透视法符合物理学规律，在科学上看来是合理的。但是，如果从美术的角度上来看，这两者都是合理的、符合逻辑的，更为重要的是，等距离散点透视法能够更好地描绘一些大场面。

相较于自然科学，艺术自身有着一套属于自己的认知，这两者都有着自己的认知规律，所以两者并不能简单地比较孰优孰劣。等距离散点透视构图法从科学角度上来看是不符合自然科学的规律的，但是在汉代美术的角度上是合理的，可以作为汉代画像石艺术的主要透视构图方式，当时的大多数画像石就是使用这种方式进行构图设计。值得注意的是，这种辉煌的透视构图法从出现到消失仅仅用了两百多年,这一辉煌的成就是在任意一个时代都不曾看到的。

最后,我们探讨主要人物的表现方法问题。在汉代画像石中,一般情况下为了突出主要的人物,会将其身形进行扩大化处理,对其余的人进行缩小化处理,这种处理方式一般用于墓葬中。如图 3-4-13 所示是山东省嘉祥县宋山发现的一块祠堂后壁石画像,画面分上下两层,下层为祠主车马出行图,上层为祠主受祭图。上层的祠主受祭图中,画面左侧是一座由双阙夹峙的二层楼阁,祠主受祭的场面在楼阁内展开。楼阁下层,在榻上面右端坐的祠主,明显比其面前的两名跪拜者和身后的侍者以及楼阁外的持板谒见者要高大得多。同样,在楼阁上层正中央正襟危坐的女祠主也比其两侧的侍女高大得多。因此,从人物图像的大小来看,观者一眼就可看出画像中的主要人物是谁。

这一表现方法,在山东省诸城市前凉台村东汉晚期孙琮墓画像石的上计图(图 3-4-14)中得到了最充分的体现。这幅画像,从总体上看虽说是用焦点透视法构图的,但是绘制的人物自身的形象大小并不符合透视比例的要求,人物大小的唯一决定要素就是所绘人物的身份地位。经过观察可以发现,画像中的墓主人身躯十分高大,大约占据了整个殿堂的三分之一,一望之下,给人以"唯我独尊"的感觉。与之相反,他周围的侍从与属吏则要显得矮小得多,而且,尽管在殿堂中整齐排列的士卒距离观察者十分近,按照焦点透视法应该形象更为高大,但却画得小如蝼蚁,猥琐不堪,甚至还不如孙琮面前的酒樽高大。这种绘画结果并不是遵循透视原则,而是严格遵循儒家的尊卑有序,不能体现出绘画艺术本来的真善美。

图 3-4-13 山东嘉祥宋山出土小祠堂后壁画像

图 3-4-14　山东诸城前凉台孙琮墓出土谒见（上计图）画像石摹本

第五节　汉代画像石的图像造型

在汉画像石中经常会体现出所绘画像的线条流畅、简洁，对所要表现的形象有着极强的概括性。尤其是汉代画像石中的侍从等等角色的形象，外轮廓十分简洁，这种表现形式与南宋时期的梁楷的简笔画十分相似。在汉代画像石中的人物与动物，除了裸露的手脚之外，身躯轮廓方面是十分简略且流畅的。

一、单纯化——极度概括的形象轮廓模式

（一）直筒瓶式

在汉画像石的形象中，特别是直立的人物形象中，我们常常会看到直筒瓶式的轮廓。门吏、侍从以及圣人的众多门徒等形象往往为此种轮廓形式。这也是可以理解的，因为他们的身份决定了他们不可能耀武扬威、张牙舞爪，只能收敛四肢、恭敬从命，四肢收敛于宽大衣袍之中，于是便形成了这种直筒瓶式的轮廓造型。反过来说，雕绘汉画像石的艺术家们正是通过这种直立、恭敬、简洁、大方

的轮廓塑造，才能够入木三分地传达出画中形象的身份及其内心世界。

（二）花瓶式

中国传统的花瓶样式是小口、细颈、宽肩、收腰、放底，这种形态与女性的身体外形有着一定程度上的相似。在汉代画像石中一些描绘的形象，正面端正直立，发髻（或高冠）高耸，长袖宽大，再加上汉代人的衣服一般在腰部都是用带子绕扎收拢的，这样就很容易形成这种花瓶式的外轮廓。整体看来，轮廓简洁、张弛有度，十分有韵味。

（三）宽底酒坛式

在汉画像石中经常有穿着宽大衣袍的人端坐席上，特别是在其正面端坐的时候，双腿盘起，双臂拱于胸前，头颈直立，形状对称，上小下大，重心很低，俨然就是一个浑厚稳重的宽底酒坛。从艺术感觉上看，这种轮廓形式给人以端庄、稳重、大方之感。在汉画像石中，这种造型的形象多为端坐演奏的乐人、庄重的宴饮场景中的形象。另外，汉画像石中的西王母、东王公基本上也是这种造型。这些人物呈现端坐姿势，重心下移，没有张扬之感，只有稳重风度。

（四）青蛙式

我们中国人心目中的武士形象是：无颈（其实是颈部较粗壮，与身体连为一体），头部不应该很大，而有便便大腹……这些描述其实只是特意强化武士威武的身躯，人们常称之为虎背熊腰，而对其四肢并没有给予多少关注，因此，四肢在人们心目中便弱化了许多。汉代的艺术家们也注意到将军、武士这些应该强化的特征，于是汉画像石中便出现了这种青蛙式的轮廓造型。

（五）几何形式

我们看山东嘉祥武氏祠前室后壁汉画像石中的羽人形象，他（她）的躯干基本由一个梯形和一个三角形组成，造型简洁、几何化构成明显。汉画像石中的其他画面中也有用几何形式构造人物身躯的。

二、"书法式"的形象造型

"隶变"作为我国书法发展历程中的重要转折，发生于秦代，成熟于汉代。与此同时，隶书也在汉代至臻成熟。隶书和汉画像石的造型有着相似之处，是汉代艺术的重要组成部分。从人体构成形式来看，人其实就是一个简单的汉字，当我们四肢展开的时候，就是一个"大"字。尤其是汉画像石中人体动作较大时，如斗兽、舞蹈、对击等动作中人衣袖的翻转变化和人的四肢运动与书法类似。值得一提的是汉画像石中的人物等形象大都经过了概括处理，因此其神韵与书法笔道在形式上相似。

（一）汉隶的笔画与汉画像石中的形象造型

基于书法的用笔角度，隶书具有十足的美感，其笔画粗细有致，因为在书法的用笔中，各种变化被"隶变"带入其中。在汉代隶书中主次有别，通常主笔只有一画，在该字所有笔画中最醒目、最粗壮，用"蚕头燕尾"来形容最为贴切。主笔并不是直着下来的，而是像曲线一样一波三折。隶书的字是否优美是由主笔来决定的。我们将隶书类比汉画像石中的人物或动物形象的话，主笔就是人物或者动物的主体部分，同时也是汉画像石重点关注的内容。虽然汉代隶书中主笔非常重要，但是也不能忽略其他笔画的作用。汉代隶书中的次要笔画与主笔相对应，一细一粗，形成和谐的书法整体美。具有点缀作用的次要笔画中蕴含着隶属的机巧与灵韵，是书法的情趣所在。我们将隶书类比汉画像石中的人物或动物形象的话，次要笔画就像人或动物的四肢，一些不动声色的变化就能使画面动起来，展现出十足的运动美感。汉代隶书中的笔画和汉画像石中的一些形象一样，充满着对比与协调、和谐与统一，如笔画的对比与协调表现为笔画的长与短、曲与直、粗与细、方与圆，笔画的和谐与统一表现为圆润、枯涩、流畅、刚劲等的统一。在汉代隶书中，笔画如"蚕头燕尾"，法度森严，形象优美，就像精心画出来的；在汉画石像中，形象如"展袖束腰"，流畅自然，就像信手拈来的。

（二）汉隶的字形、结构与汉画像石中的形象造型

在造型方面，汉代隶书的字形与篆书接近正方形的竖长方形稍有不同，变化成了扁长方形。南阳汉代隶书具有博大的气势，因为汉隶的扁长方形就像宽银幕一样。在汉代画像石中，一些人物或者动物与汉隶类似，呈扁长方形，但是其有横陈、竖立之别。那横长的应龙、猛虎是隶书字体正常放置的角度，而那立于府门的门吏多呈现竖立的长条形状，像是把隶字转了90度。由于汉隶的重心安排，使得汉隶的字体结构异常稳定。同样的，在南阳汉画像石中的人物或者动物形象，其重心也非常稳定。汉隶和南阳汉画石像的形象完整，轮廓柔和，高凸、低凹、方角转折在南阳汉画石像中出现较少。

（三）汉隶的章法与汉画像石的构图

汉隶的章法不同于篆书，相对于篆书字体拥堵的现象，汉隶有着舒朗的章法。

南阳汉画像石，舒朗的构图也是其重要特征之一。汉隶在书写时，各个字之间有着密切的联系，在横向上相互呼应，因为汉隶的字距大、行距小。南阳汉画像石的构图与汉隶章法类似，各个汉画像石之间的构图相互呼应，又由于横幅构图在南阳汉画像石中是主要构成部分，所以这种呼应关系处理技巧多在横向呼应上展现出来。南阳汉画像石中的云纹在横向联系着各部分。如搏击图、斗兽图的云纹联系着两端的敌手，武士和武士、勇士和野兽的头和身体又进一步地加深了画面的横向呼应。又如车骑出行，车骑首尾相接，在人与人、人与马、马与马、马与人间形成多样的横向呼应。

三、高超的线条表现语言

（一）形象轮廓线特征

汉画像石中的形象有很多，如动物、人物等，这些形象的轮廓大都以曲线为主，另外还有工具、车辆、建筑物、器皿等物品，这些形象的轮廓大都以直线为主。在汉代画像石的形象中，很多画面的过渡和轮廓的转折都呈曲线或曲面，几乎不存在突然的、尖锐的转折，从而让汉代画像石的形象显得结实有力和内敛。汉代画像石的曲线轮廓使其具有很大的魅力，这种曲线将几何学波浪线和任意的波浪线有机结合起来，极富动感和变化。

这些轮廓线富有方向的变化，而且生动形象，在为我们带来强烈的视觉张力和视觉运动感的同时，也带来了音乐般的韵律美。之所以说汉代画像石轮廓如韵律一般，是因为画像石的轮廓如一首押韵的诗，变化多端、一咏三叹、时凸时凹、反反复复。直线和曲线是诗的节律表现，诗要严格按照书面语言表现合理押韵。另外需要注意的一点是，在吟诵诗歌的过程中，一种新的音乐旋律般的线条应运而生，诗的强弱变化就是通过这种线条的波动变化来展现的。再次类比到汉代画像石中，可以发现其外形轮廓的曲线大都是S形，而且这些S形曲线富有节奏感和韵律感，给人以艺术般的感受，与音乐等艺术形式形成通感。同时，这样也可以更加容易地展现极富变化、富有节奏韵味和运动感的艺术形象。汉代画像石中的诸多形象，如长袖起舞的男优女伎、引箭拉弓的后羿、飘飘飞升的嫦娥、忙碌奔行的车马队伍、似闪电的翼虎、如疾风的飞龙等伴随着轮廓线展现出十足的生命韵律，向人们展示独具魅力的美感。

（二）形象内部线条的艺术特征

如果说轮廓线是为了解决形体与图的分界以及表现形象的特征的话，那么，

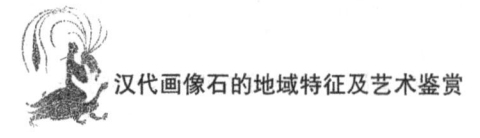

形象内部线条则是为了表达形象的细节特征。

以山东祠堂汉画像石为代表，平整光滑肌理形象的内部线条是其特征。山东武氏祠等地的汉画像石，一般多用质地细腻的青石刻绘，并且形象多为打磨平整的石面，因其材料和加工因素的作用，导致相应的雕刻技法以及线条艺术语言的产生。在这些汉画像石中，我们依然能感受到精美的造型风格，流畅、准确、均匀、生动的线条形式占据了主流。"行云流水"的"白描"艺术形式是其最主要的特征。因为在石头上雕刻毕竟不如在纸张、绢帛上写画那样轻松自如，所以我们在这些汉画像石中很少见到"急转直下"的尖锐转折线条。婉转、均匀、圆润的圆弧线构架出汉画像石的形象细节，其艺术价值与后世的魏晋南北朝绘画作品相比毫不逊色。

用粗糙石材本身肌理来表现形象的汉画像石在全国各地出现很多，南阳汉画像石为主要代表。因为形象多为粗糙的石材本身肌理，那么在雕刻形象内部细节的时候自然就会形成具有金石味、生涩、稚拙的线条，因为要想在粗糙而坚硬的石材上面雕刻流畅、均匀的线条肯定难度极大。汉代画像石的外部轮廓线是简洁、运动感和节奏感强烈，其内部线条是怎样的？作为事物发展的动力，矛盾无处不在，工匠们利用矛盾设计了汉代画像石内部的线条语言，其与画像石的外部语言相对立，是直的、断的、短的、生涩的、拙朴的。汉代的工匠们对于画像石外部的轮廓线施以整体简洁、一气呵成的线条，同时，又利用图与地之间的凸凹"高度差别"，进一步凸显轮廓线，画像石内部的线条则是在其"表面上"制造肌理式的刻绘，再加上它们又特别细、短，自然"站在"次要、从属地位，这是矛盾对立统一规律的应用。在解决了矛盾之后，汉代画像石外部轮廓线和内部线条的应用产生了一种富于变化且和谐统一的高度艺术化形象。

以川渝汉画像石为代表，粗糙石材高浮雕形象的内部线条是其特征。川渝地区的崖墓汉画像石中，很多是沙石的质地，高浮雕是常见的艺术表现形式。这些地区的汉画像石内部线条语言自然有着其自身的特征。沙石松脆，雕刻精细的线条显然不可能。即便可能，在高浮雕的形象体面上用精细的线条表现形象的细节特征显然也不是好方法，因为高浮雕体积转折大，精细的线条很难凸显出来。高浮雕形象中的内部线条，显然就是雕刻形象细节体积变化的或平或陡、或方或圆、或宽或窄的刀法。因此，我们从拓片中看到的形象内部线条，往往具有很大的宽度。

第四章 汉代画像石的典型地理分区与特征

汉代画像石在区域分布上相对独立,而且呈中心点集中分布。每个地区的汉代画像石都呈现出了本地区的特征,这与当时当地的政治经济文化密不可分。本章主要内容是南阳汉代画像石的艺术特征、徐州汉代画像石的艺术特征、山东汉代画像石的艺术特征、陕北汉代画像石的艺术特征四个方面。

第一节 南阳汉代画像石的艺术特征

一、神采浪漫

南阳是楚文化的发源地,风俗奇诡、巫风浓郁。从屈原的"登昆仑兮食玉英,与天地兮同寿,与日月兮同光"中便可以发现该地区文化、艺术的浪漫主义情调。南阳汉代画像石便具有个性表现的追求、热情奔放的情感抒发和狂放不羁的形象联想等浪漫主义情调。南阳汉代画像石根植于楚文化大地上,散发出浪漫主义的神采。如南阳汉代画像石《嫦娥奔月》(图4-1-1),其构图空灵、舒朗、潇洒,具有十足的想象空间。汉代画像石的外部轮廓线使其具有十足的韵律美,画像石中乘风飘荡向月宫的嫦娥、引箭拉弓射太阳的后羿、长袖飘飘的女伎、鼓槌高扬的乐伎、舞爪的猛虎、相抵的斗牛、飞升的应龙、奔驰的骏马具富韵律美和运动美。汉代画像石中的形象并不是一种写实风格的形象,而是夸张、新颖的形象,举几个例子,如"像人"的"疯狂""酒鬼"的"大头"、舞者蚁腰肥臀、门吏形体简洁、吼熊的阔腰、斗牛的宽颈,各个形象都独具魅力。"人面虎"出土于南阳市唐河县湖阳镇新店村,该画像石形象为虎身人头,人头上戴着高冠,尾巴上也有三个人头,这就是汉代画像石新颖、奇特的体现,其造型不拘泥于细节,着重物象神采的大胆与奇想。南阳汉代画像石的艺术价值很高,引起学者们的研

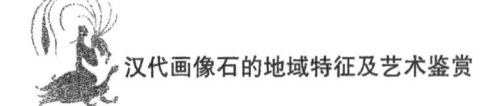

究，与"故论画之高下者，有传形，有传神。传神者，气韵生动是也"相契合。气韵生动这一艺术境界在南阳汉代画像石中展现的就是其浪漫主义情调，因此引起人们的喜爱和注意。

图4-1-1　南阳画像石《嫦娥奔月》

二、刻绘粗犷

南阳汉代画像石的材质大多为石灰石，由于石灰石硬而脆，不能很好地精雕细琢，因此当时的工匠便采用粗犷、洗练的雕刻手法，扬长避短、因材施艺对石灰石进行加工，从而形成新颖的形象效果。对于外部轮廓线，汉代工匠不拘小节，追求大形，内部线条则是直接放凿进去，形成肩带、生涩的线条形象，达到"拙中寓巧巧无伤，惟意所到成低昂"的境界。采用减地雕法以突出形象是南阳汉代画像石惯用的表现手法，工匠们减地十分精细，一排排紧密的竖凿纹有条不紊；而高低不平的原石肌理却展现出阳刚、自然、冷峻、雄浑、质朴的美。南阳汉代画像石的粗犷美便是由细地粗图的对比表现出来的。不仅如此，还有一些南阳汉代画像石的边缘上拥有十分精致的几何纹花边，十分公正，更能凸显出画像石中形象的粗犷。楚地文化的浪漫、无拘在南阳汉代画像石中充分地展现了出来。

三、形象生动

南齐谢赫《六法论》中的"应物象形"在南阳汉代画像石中同样适用，因为工匠所创造的画像石能准确反映对象。而且，南阳汉代画像石也达到了形象生动的境界。

我们先看人物形象的塑造。在一众神话人物中，女娲身体呈S形曲线（图4-1-2），其有着人头龙身，悬浮于空中，婀娜多姿，具有女仙之柔情；嫦娥具有人身蛇尾，在运气簇拥下飘飘升空，向月球上升；后羿则是侧身、仰首、折腰，弯弓拉箭；伏羲也有着人头龙身，而其头部和上身都很有分量，有着庄严肃穆的气息。

图 4-1-2　南阳画像石《女娲》

在一众历史人物中，我们先来看刘邦，在《高祖斩蛇》中，即使场面十分紧张，刘邦也是立身以静神，其高冠快要飞离发髻，在刘邦的左侧，士兵已经目已瞪、身已曲、钺柄折。《二桃杀三士》中，晏子用阳谋除掉公孙接、田开疆和古冶子，在画像石中，中间的公孙接用剑压住桃，傲气冲天，左边的田开疆迈出步伐，向前逼近，右边的古冶子瞪大了眼睛，十分愤怒，已经决定要进行自刎。

在社会生活人物方面，有着奏乐者、舞蹈者、斗兽人、投壶者、醉酒者和小吏。奏乐者充分利用各类乐器进行奏乐，其下身岿然不动，上身却可以进行即兴表演；舞蹈者随着音乐手舞足蹈，身体富于变化，进行着多样的动作；斗兽人在进行奋战；投壶者神色凝重；醉酒者东倒西歪；小吏站直身体，一脸谦卑。

南阳汉代画像石中的动物种类和形象在全国范围内都是十分丰富的，动物的形象生动活泼。举几个例子，巨熊肥腹、圆头、阔腰，憨态可掬；雄狮鬃毛立起；斗牛角出、身曲、尾扬、目圆，犹如箭在弦上；鲜鱼尾直身静；青龙曲身欲腾；白虎张牙舞爪；朱雀羽高涨；玄武步姗姗。由于南阳汉代画像石塑造得形象逼真，所以称其生动至极。

四、内容丰富

南阳汉代画像石的内容在全国范围内也是最丰富的，远比其他地区的画像石内容丰富。正如已故著名历史学家翦伯赞所说："晚近南阳一带汉墓中，又发现了大批的汉代石刻画像，始有若干学者开始对石刻画像作艺术研究。我以为除了古人的遗物以外，再没有一种史料更能反映出历史的社会之具体的形象。"①陕北画像石多"屯田农耕"、山东画像石以经史为重、四川画像石多"弋射收获"、苏北画像石纺织突出。而南阳汉代画像石的内容极为丰富，其内容不仅涉及天文地理、神话人物，还包括生活市井、官场风云等，所要展现的内容丰富多彩。不管是历史故事还是现实题材，不管是社会上流人士的奢靡生活还是农夫的田园生活，都向大众展现了出来，所以，南阳汉代画像石是一部汉代的生活百科全书。

五、章法疏朗

"章法"是书法艺术中的名词，用在绘画艺术之中，可等同于画面构图。王建中先生在《中国画像石全集·河南汉代画像石》中谈道："河南汉画，长于构图，是其艺术特征之一。"这里的河南汉画的主体部分是南阳汉代画像石。"南阳汉代画像石的艺术构图与山东画像石截然不同，它主题突出，布局疏朗……完全摆脱了汉代绘画多层次、构图满密的画风"②。南阳汉代画像石相对于陕西榆林的精致画像石而言，显得十分的简陋，南阳汉代画像石的主要形象通常是在一片相对空旷的画地上，画面显现出疏朗、活泼的感觉。南阳汉代画像石相对于江苏画面局促的画像石而言，其每块画面上出现的形象不多，通常为1—3个，多个形象在一块画面上出现的情况不是没有，而是十分的罕见。虽然南阳汉代画像石不像陕西榆林画像石那般精致，也不像江苏画像石那般繁密，但是其给人的感觉就像齐白石所创作的写意花鸟图，并不是通过景物的多少来表达意韵，而是将所描绘的形象"简简单单"地展现出来。

在边缘处理方面，工匠们通常在南阳画像石周围刻划出边框。南阳汉代画像石中的形象一般来说不多，但是并不显得画面单调，不仅因为其周围被修饰出了边框，更重要的原因在于南阳画像石中形象轮廓线是由变化多端的曲线组成的。南阳画像石的工匠们用云纹将画像石中的形象进行联系，有的设计出形象之间的穿插，有的构建形象之间的动静结合的关系，使南阳画像石中为数不多的形象有机地结合在了一起。值得一提的是，南阳画像石舒朗而不单调是因为其中的形象

---

① 翦伯赞.秦汉史[M].北京：北京大学出版社，1999.
② 王建中.中国画像石全集[M].郑州：河南美术出版社，2000.

具有丰富的音乐节奏、强烈的动感和韵律。

六、楚国风韵

绘画可以充分展示画家个人的艺术品位,而个人的艺术品位深受文化背景和文化传承的影响。我国传统文化源远流长,南阳汉代画像石在发展过程中也继承了楚地文化,具有浓厚的历史渊源。南阳汉代画像石艺术之花本来就植根于楚文化肥沃的泥土中。

第一,楚画的题材被应用到了南阳汉代画像石中,所以南阳画像石基本上包括了所有楚画中的内容。另外南阳画像石基于楚地丰富的文化,向生活的深度和广度进一步拓展,便显出了更为深刻、广阔的创作空间。

第二,线条语言技巧是南阳汉代画像石所集成的楚画精髓,南阳画像石在此基础上加以改进,完美地展现了线条的魅力,创造出极具感染力和运动感的艺术形象。举个例子,如战国时期的《水陆攻战壶》中,人物形象之间与汉代画像石的构图相似,都是空白疏朗;楚地漆器云纹的复印便是南阳汉代画像石中的装饰云纹;战国的帛画,马王堆的"T"型"非衣"里的形象及造型方式和南阳像石的形象造型类似;南阳汉代画像石造型语言在诸多楚文化的艺术作品中都有体现。

通过造型上的圆弧化处理、红与黑对比的大量运用、形象的夸张处理,比较《水陆攻战壶》中的人物形象、战国帛画及"T"型"非衣"中的人物形象,可以发现这些人物形象都是类似的。这间接地表明了南阳汉代画像石与楚地文化的渊源。此外,我们还可以从较为偏僻的角度出发来验证二者间的关系,那就是"楚人好细腰",在南阳汉代画像石中,人物形象的腰都十分的细,所以可以看出楚地文化与南阳汉代画像石的关系(图4-1-3)。

图 4-1-3 南阳石桥画像石《舞乐百戏》(局部)

第二节　徐州汉代画像石的艺术特征

一、变化多端的构图模式

作为作品中艺术形象的配置方法，构图同样也是表达作品思想的重要手段。同时构图还可以使人们获得艺术感染力。构图在中国古代绘画理论中被称为"经营位置"，唐代张彦远在《历代名画记》中记述了南朝齐谢赫《古画品录》总结的"六法"："画有六法：一曰气韵生动，二曰骨法用笔，三曰应物象形，四曰随类赋彩，五曰经营位置，六曰传移模写。"《诗·大雅·灵台》有"经始灵台，经之营之"的说法。"经"是度量、筹划；"营"是谋划，"经营"含有筹划、谋划、计划、规划等含义。"经营位置"实际上是指画家对于画面构图的整体把握和心性谋划。徐州汉代画像石的构图模式多样，形成鲜明的艺术特色。

（一）横式、竖式、鸟瞰式的构图

徐州汉代画像石基本采用的是平面构图、散点透视的方法，根据画像石的形状及表现内容，分为横式构图、竖式构图、鸟瞰式构图三种形式。

1. 横式构图

横式构图也称为水平空间构图，是徐州汉代画像石中最常见的构图模式。水平空间构图是汉代画像石最基本的同时也是最重要的空间构图法。这种构图方式便于表现故事发展的时间顺序，并使画面内容有一个方向性。在画面中，有整齐明确的水平带，人物排列没有近大远小，都是在一个水平线上横向排列。横式构图采用了平铺直叙的艺术语言，构图虽然简单，但是便于直接表现故事主题，使画面主题突出，特别适合中国绘画中散点透视的方法。这种构图模式最常见的是车马出行图，图像中的人物、车马几乎都是从侧面捕捉到的造型，图像中的物象没有掩盖重叠。

2. 竖式构图

竖式构图又称为垂直式构图，汉代画像石中的竖幅画面就是采用了这种构图方法。竖式构图分为画面分层与画面不分层处理两种形式。

画面分层是徐州汉代画像石的构图特色，它是将竖幅画面分为多层横式画面，以横线作为界格，每层形成独立的画面，多层组合为一幅完整的画面。实际上，

这是一种"分段平行""并列展开"的构图模式。如青山泉白集祠堂东、西山墙的画像，画面分为七层，每层表现不同的内容，最上面几层表现的是昆仑世界，有东王公、西王母、灵芝瑞草、珍禽异兽等，下面几层是人间世界，有车马出行、楼台亭阁、庖厨宴饮、历史故事等，表现了天上、人间、历史、现实的不同空间。这种构图模式每层表现的内容不同，表现了一个空间、一段时间发生的事情，每层连在一起，形成了连环画的内容。如徐州寒山出土的《观邀比武图》，画面分四层，自上而下第一层面对三人，邀请三人观看比武；第二层四人同行；第三层有二人执械比武；第四层一人面对三人相揖告别。画像中，作者采用了人物生动的肢体语言，加上行走路线的方向性，表达出一段连贯的故事（图4-2-1）。

图 4-2-1《观邀比武图》

竖式构图还有不分层的处理方式，是将人物、动物、车马、建筑、日月作竖向排列，打破了分层处理的束缚。当需要表现事物纵深的空间关系时，往往采用竖式构图。竖式构图是平面构图的一种，只是将物象做纵向排列，前不掩后，左不遮右，在表现天、地、人的组合中，这种不分层的竖式构图运用最多，如铜山苗山汉墓的炎帝、黄帝画像，日、月在画面的最上方，表现出炎帝、黄帝升仙的历程。

3. 鸟瞰式构图

一般来说，鸟瞰式构图中，画者需要居高临下，这样可以使所要描绘的形象平摊于画面。在表现大的场景时，往往采用这种构图模式，特别是对建筑院落内部人物的表现时，更适应这种表现方式。徐州汉代画像石中的鸟瞰式构图往往采用固定点透视与散点透视结合的方法，如洪楼祠堂的纺织乐舞图像，表现庄园内的各种人物活动时，采用的就是鸟瞰式构图。

无论是哪种构图模式，汉代画像石都是在表现作者心中的意象，并不拘泥于一个固定的视点，在画面中往往表现出一个混合的空间。通常情况下，我们把处在个体形象的不同局部或处在空间各部位的不同形象而采用不同的空间样式称为混合空间。这种混合空间样式都不是立足于固定点对视觉纵深和体积所做的忠实记录。如洪楼祠堂后壁的迎宾图和纺织图，采用了不同的视点模式。在同一画面中，表现车马人物时，采用平列式水平空间构图，人物不分远近大小横向排列；表现房屋的立体形象时，采用了不准确的焦点透视方法；表现乐舞百戏盛大的场面时，采用了纵深式透视及鸟瞰透视结合的模式，画面中呈现出的前景、中景、远景接近上远下近的位置关系；而在表现纺织场景的织机样式时，又采用了局部立体透视的方法。由于作者灵活地运用了移动点透视的方法，充分调动视点、视平线、视中线、平行透视、成角透视、散点透视，在观者眼中产生有深度感的视觉错觉，使得画面布局生动活泼。

（二）疏密有致的构图

汉代画像石作为从工艺装饰中脱胎的早期绘画，疏密是构图中的一个重要手段，画面中"凝聚"与"疏旷"的对立结合，形成不同韵味的装饰风格。

徐州汉代画像石的早期风格是构图疏朗，如早期石椁墓上的装饰以常青树、房屋、日月、十字穿环等作为主题符号，底纹则是繁密有致的窨纹，形成一种对比关系。画面的空白处并不是一无所有，而是以装饰性的线条构成空间关系。

徐州汉代画像石在艺术发展的进程中，逐渐向"繁密"的方向过渡，时代越晚，画像内容越复杂，除了主题画像外，鸟兽、花草、云气往往用于填充画面空白处。所谓"填充"，是依照画面空白大小的空间适度填充内容，构成场景的环境。这种空间环境的制造，完全是作者的自我发挥，同一粉本的故事主体画面相差不大，而画面的装饰内容却完全不同。

构图繁密已经形成一种区域性的艺术风格，这种风格影响范围包括鲁南、苏北、安徽地区，而陕西、山西汉代画像石也明显受这一地区艺术风格的影响。与此不同的是，河南南阳、四川画像石，构图疏朗，一图一画，表现一个主题内容，人物在画面中的空间位置很大，很少有主题以外的内容填充。

徐州画像石构图布局上的繁密充盈给人留下了深刻的印象。画像石的所有画面都充斥着丰富的内容，如地面车马密集、楼阁耸立、空中遍布飞鸟，但是其未犯"计白当黑"构图疏朗这一中国绘画中的大忌。徐州汉代画像石中，画面内容主题突出，构图清晰有致、主次分明，画面密而不窒、繁而不乱，展现着一种热情奔放的气息。举个例子，如九女墩画像石墓的桥梁图，桥上车骑奔驰，桥下渔船穿梭，画面已安排得满满当当，而又在车骑上空填以云鸟。在云鸟的衬托下，桥的稳重、车马的疾驰显得特别突出。"满"是汉代艺术的审美特征，也是汉代画像石构图的特点。车马出行要从一端排列到另一端，以"满"代替多，人物一直排列过去，给人以无限之感。徐州汉代画像石通过"满"来达到对天地万物的穷尽，一种恢宏博大的时代气象在这"满"中体现出来，满到极致，形成"溢"的审美效果。

徐州汉代画像石构图上的繁密是在表达一种"大美"的美学思想。"大美"是汉代人审美思想的首要追求与崇尚。"充实之谓美，充实而有光辉之谓大，大而化之之谓圣，圣而不可知之之谓神。[①]"汉代美学的奠基之作《淮南鸿烈》（《淮南子》）继承发展了先秦道、儒、老庄、孟子的天地大美思想，提出"横八极，致高崇"的文化理念。"以大为美"的思想在汉代大儒董仲舒那里得到进一步发挥。所谓"得天地之美""取天地之美以养其身"，正是孟子"塞于天地之间"的"浩然之气"，在董仲舒"天人合一""天人感应""天人相通"的神秘思想中，生命广泛存在于世间。天地万物都具有这蓬勃的发展动力。"大美"的美学思想使汉代艺术形式充满荣耀与华丽，体现在建筑、音乐、百戏、大赋、雕刻、绘画等各个方面。这种"大美"思想在画像石中的反映就是"充实""繁密"。

徐州汉代画像石构图的繁密诡奇，是"迁想妙得"个人灵感的发挥。"迁想"指的既是由此一物象联想到另一物象，更是画家将自己独有的思想感情"迁移"到对象之中，画面中的禽兽、草木、山川、自然现象与表现对象融合，形成一种天地自然和谐之美，这也是对汉代"天人合一"美学思想的淋漓发挥。

二、形神兼备的表现形式

作为一种创造性的艺术，汉代画像石的创作必然是符合美的规律的。刘安在《淮南子·说林训》中说："寻常之外，画者谨毛而失貌。"即画家在创作时如

---

① （战国）孟轲；李晨森编.孟子[M].北京：煤炭工业出版社，2017.

果拘泥于小节，就会失去对整体画面的把握，这体现了汉代人们的艺术审美观念。司马迁在《史记·酷吏列传》说："汉兴，破觚而为圆，斫雕而为朴。"即删繁从简，追求作品的纯真质朴，舍去一些浮华不实的东西。刘安和司马迁的思想都深度概括了汉代的艺术审美思想。在当时流行的这些审美思想影响下，汉代画像石创作者一般都总揽全局，不拘小节，追求作品的神奇。另外在处理手法上，汉代画像石创作者都使用夸张的形体姿态，以追求作品的"气韵生动"。

徐州汉代画像石有极高的艺术性，从徐州地区出土的汉代画像石作品来看，汉代人物画、动物画已经非常成熟，并且有独特的表现技法。

（一）人物的表现技法

人物是绘画中最难表现的形象，张彦远在《历代名画记》中引顾恺之的话说："画人最难，次山水，次狗马。"汉代人物画基本上沿袭战国人物画的风格，以写实性为主。徐州汉代画像石中的人物画表现出由粗至细的趋势。早期的人物图像比较简略、朴拙、抽象、概括，有时表现得粗糙与简单。人物的个性特征是通过形体的夸张来实现的，而忽略了人物面部的细节的描写，五官的重点是眼睛，往往将眼睛刻画得大而突出。早期石椁墓的人物画人物造型修长，往往超出人物的正常比例（图4-2-2）。

图4-2-2　铜山吕梁出土《人物拜谒》双人图

东汉中期以后，人物画逐步向细腻、精致的方向发展。东汉晚期，人物画表现得十分成熟，人物身体大致有准确的造型比例，面部的眉、眼、鼻、额骨都用较细的轮廓线刻出，面部的细节特征如眼球、瞳孔、眉毛、胡须都清晰地刻画出来（图4-2-3）。在表现人物个性时，对眼、耳、鼻、嘴做出大胆的夸张，不拘泥于形似，而是注重神似的传达；同时，人物的形象都在突出比例的完美，追求人物的轮廓和结构特点，以此来做到突出个性，体现了中国传统人物画强调"以形写神，形神兼备"的特点。在东汉晚期，这时的画像石中人物造型特别注重人物身姿外形的表达，外轮廓的起伏合乎人体解剖结构，肩、肘关节有意做了细致的表现，衣冠服饰的结构清晰分明。

图4-2-3　铜山吕梁出土《人物拜谒》单人图

徐州汉代画像石中的人物画非常注重服饰衣褶的处理，如睢宁九女墩汉墓中的持矛卫士，人物衣带宛若迎风飘曳，线条构成如春蚕吐丝般重叠交错，恰到好处地表现出人物娴雅优美的身姿（图4-2-4）。徐州汉代画像石中的人物画已具备了魏晋人物画"吴带当风""曹衣出水"的象外之韵，在材质感觉上善于通过重叠的线条来表现轻盈和半透明的纱质面料，也有通过点、线的变化表现衣服上的锦绣花纹。无论是人物形象生动优美的动态还是流畅的线条，其洗练的动作、古拙的气势、力量的美感对我国汉代之后人物画的发展有着重要的影响。

图 4-2-4　睢宁九女墩《持矛侍者》

汉代人物画家具有较强的写实能力，已经有了成熟的肖像画。《史记·留侯世家》载："余以为其人计魁梧奇伟，至见其图，状貌如妇人好女。"汉代的画师有高超的写实技艺，经常是"以图寻人"。《后汉书》记载，汉桓帝想知道隐士姜肱的形象，派使者"下彭城使画工图其形状"。肖像画与普通的人物画有所区别，人物画可以不确定具体人物的身份，而肖像画指描绘具体人物形象的绘画，古时称为"写真""写照""传影"，寓意对照真人写生。肖像画除了要掌握人体的结构比例外，还要掌握人物的个性特征。

由于受画像石本身材质的限制，徐州汉代画像石中的人物肖像采用以线表形、以形达意的表现方法。在表现特定人物肖像时，结合了文本中对人物个性的描写。在孔子见老子图中，突出孔子的身长和老子的年长。《史记·孔子世家》载："孔子长九尺有六寸，人皆谓之'长人'而异之。""九尺有六寸"合今 2 米有余，因此画像中孔子形象都是伟岸高大的。孔子和老子是同时代人，孔子约比老子小 20 岁，如按《庄子·天运》"孔子行年五十一而不闻道，乃南之沛见老聃"的记载，老子当时已经 70 多岁，因此老子身份的象征是曲杖（图 4-2-5）。

图 4-2-5 徐州汉代画像石艺术馆藏《孔子见老子》

徐州汉代画像石的作者为了显示自己的造型能力，有时采用比较难以掌握的透视方法，对人物进行变化视觉的表现。如徐州汉代画像石艺术馆 2007 年征集的石椁墓乐舞图中表现的一位击磬的乐师是其背面的形象。在人物画中，人物的后背是最难表现的一面，因为人的相貌表情都是在正面表现出来的，后背的表现需要有敏锐的观察和写实能力，才能真实地描绘出人物的背影（图 4-2-6）。

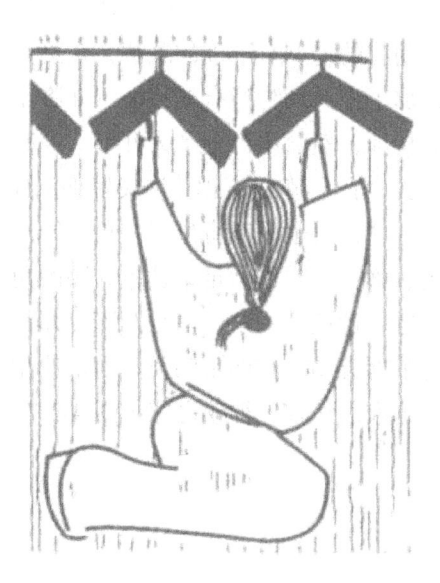

图 4-2-6 徐州汉代画像石艺术馆藏《击磬乐师》

（二）动物的表现技法

徐州汉代画像石中的动物类别很多，基本上分为走兽、翎毛、鳞甲和鱼虫等几大类，具体包括了马、牛、羊、猪、狗、鸡、虎、熊、猴、骆驼、大象、鹿、龟、蛇、鸳鸯、鱼等现实世界存在的动物，还有被神化了的龙、凤、麒麟、玄武、三足乌、九尾狐、人面兽、鸟头兽等虚拟的动物。汉代画像石在表现动物的时候，大都以侧面来表现，因为动物的身体是长形的，侧面表现时透视的变化较小。徐州汉代画像石中的狗有两种形态：一是静态的坐姿狗，表现狗在守护门户时警惕的神情；二是动态的猎狗，表现猎狗在捕捉猎物时的迅捷勇猛。在刻画猎狗时主要突出耳朵的竖起、吻部的狭长以及健壮的四肢。徐州汉代画像石中的猴子形象较多，在表现猴子的时候主要突出修长的四肢，眼眶朝向前方，表现出猴子顽皮可爱。猫是外来动物。猫何时传入中国史书并无明确记载，图像中最早的猫见于湖南长沙马王堆一号墓出土的漆盘上。徐州汉代画像石中有猫抓老鼠的图像，突出猫的眼睛及蜷曲的脊背，表现了猫翻转跳跃极其灵活的特征；刻画老鼠时，抓住老鼠尖嘴圆身、小眼长尾的特征。

徐州汉代画像石不仅对常见的动物有生动的刻画，对罕见的外来动物也有细致的观察和准确的形体把握。汉代，骆驼、大象、犀牛由西域传入中国，对于这些"奇畜"主要突出表现它们独特的外貌特征，如骆驼突出其凸起的驼峰、弯曲的脖颈、高大的躯体、细长的四肢。徐州汉代画像石中的动物形象多为侧面透视。

徐州汉代画像石对动物的造型有准确的理解，在刻画神灵动物时，以现实动物的形象作为基础，添加了神灵动物特有的特征。如睢宁九女墩汉墓的九尾狐，抓住了狐狸尖嘴大尾的特征，然后尾巴分叉为九节。麒麟形象的基础是鹿，《尔雅》载："麟，麇身牛尾一角。"东汉许慎《说文解字》解释"麐"为"大牝鹿"，即大母鹿；释"麟"曰："仁兽也，麇身牛尾一角。"后人多沿用此说，并加以想象发挥。《毛诗义疏》称："麟，马足，黄色，圆蹄角端有肉。"可见，麒麟的共同特征是麇身、牛尾、黄色、一角、马足圆蹄。邳州占城杨庙村祠堂画像中的鸟头兽身神兽，融合了鸟类动物和四足蹄类动物最典型的特征，这种混合了两类动物于一身的怪兽，给人以狰狞、神秘之感（图 4-2-7）。

图 4-2-7　徐州汉代画像石中的九尾狐、麒麟、鸟头兽

三、富有灵性的装饰图案

装饰图案是相对于绘画作品的图像类别。有关装饰图案的概念有不同的表述，一般认为装饰图案有"装饰性"和"图案性"两个基本特点。装饰指的是对器物表面添加纹饰、色彩以达到美化的目的；图案是指有装饰意味的、结构整齐匀称的花纹或图形。装饰图案是汉代画像石中的重要组成部分，作为整体图像的重要组成部分，装饰图案的功能就是作画像石、墓室、祠堂等礼制性建筑的点缀。

徐州汉代画像石有边框纹饰、三角折线纹、栏杆纹、平行线纹等。画像石边框的刻画是为了建构一个完整的画面，美国艺术理论家鲁道夫·阿恩海姆说："凡是被封闭的面，都容易被看成'图'，而封闭这个面的另一个面总是被看成基底，这一因素中其实还包括另外一个因素，这就是：在特定的条件下，面积较小的面总是被看作'图'，而面积较大的面总是被看成'底'。"[①] 华丽的边框装饰并没有吸引人们的全部注意力，反而对于画像石中的主要形象起到了对比的作用，更加凸显画像石中的主要形象。

徐州汉代画像石中有许多这样的作品，如徐州汉代画像石艺术馆藏石中的凤鸟图，将一只展翅欲飞的凤凰和一只雏凤安置在正方形的图案中，夸张的凤冠、展开的双翅、翘起的鸟尾、抬起的单足，正好填充整个方框（图4-2-8）。

图 4-2-8　凤凰图案

---

① （美）鲁道夫·阿恩海姆；滕守尧，朱疆源译．艺术与视知觉 [M]．成都：四川人民出版社，1998．

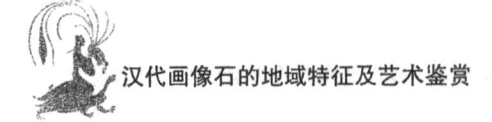

徐州画像石的艺术表现十分成熟。画像石是绘画与雕刻相结合的艺术，雕刻是实现画像艺术的基本手段。徐州汉代画像石的雕刻技法多样，有阴线刻、凹面刻、浅浮雕、深浮雕、高浮雕、圆雕等技法，早期的画像石是阴线刻，后来向着浮雕的方向发展。无论是阴刻还是阳雕，"线"是其造型的基本手段。雕刻技法在汉代画像石中有重要意义，它不仅是实现图像的重要手段，而且是区别不同地域、不同作坊、不同艺术风格的主要标志。

徐州汉代画像石出现了叙事性故事的描写，构图是表达作品思想内容并获得艺术感染力的重要手段。徐州汉代画像石中的构图模式有横列式、竖列式、鸟瞰式等多种手段，形成了鲜明的艺术特色。因此，徐州汉代画像石能反映出较大的场面，把不同时间、不同地点发生的事情凝结在一个画面中。

构图饱满是徐州汉代画像石突出的艺术特征。徐州汉代画像石的早期风格构图疏朗，在艺术发展的进程中，逐渐向"繁密"的方向过渡，时代越晚，画像内容越复杂，除了主题画像外，鸟兽鱼虫、花叶云气都是构图空白的补充。

徐州汉代画像石的作者有成熟的写实功底，无论是人物画还是动物画都有准确的造型，存形达意、形具神生是其追求的艺术目标。画像的艺术表现都是从大处布局，小处入手，看重大的形态和瞬间的神态，同时注意细节的刻画，用飞动的线条来表现立体的画像，描绘出活灵活现的仙禽神兽和生动形象的人物。就其艺术技巧而言，它注重形式，创造出各种装饰风格；刻画人物、动物的形象时，形神兼备，把客观事物用艺术手法再现出来；同时能够大胆想象，变形取神，以形写神，创作出写实、写意并行的画面。

除了人物、动物画之外，徐州汉代画像石中的装饰图案也十分突出。徐州汉代画像石的装饰图案可分为四个方面，分别为边框装饰、基底装饰、单独的装饰和综合装饰图案。其中边框装饰尤为突出。边框装饰的目的是把各种视觉形象规范在一个统一的艺术空间内，同时这些装饰图案本身又有吉祥的意义。形式多样的边框装饰与主题画面结合在一起，形成了统一、和谐的整体构图。

汉代画像石是汉代厚葬风俗制度的产物，属于墓葬中的艺术。就雕刻者的本意来看，画像表达着一种观念，而并非表现作者的视觉感受，"成教化、助人伦、穷神变、测幽微"是其主旨。但当时艺术家和工匠认真的创作态度，创作出了生动形象、极具艺术特色的作品，使汉代画像石在我国艺术史上占据极其重要的位置。徐州汉代画像石丰富的内容、精美的雕刻，无论在历史研究还是在艺术领域，都是弥足珍贵的瑰宝。

第三节　山东汉代画像石的艺术特征

一提到汉代画像石艺术，大家都会首先谈及山东。可能是因为山东汉代画像石分布面广、数量众多、题材丰富、表现技法繁多且相对"完美"的原因。但正是由于此，一般情况下人们对山东汉代画像石艺术的评述不是长篇大论无法休止，就是无从说起。

一、表现技法多姿多彩

规模大、发展周期跨度长是山东汉代画像石所具有的特点，所以其表现技法也丰富多样。山东汉代画像石的造型技法如下：平面阴线刻、凹面线刻、凸面线刻、浅浮雕、高浮雕、透雕。其中前三种表现方法更接近于绘画形式，而后三种则更容易呈现出一种雕塑的艺术感觉（图4-3-1）。

图4-3-1　山东临沂独树头镇画像石《人首龙身像》

青石属于石灰岩的一种，山东多地都有着丰富的青石资源。青石用来雕刻再合适不过，因为其质地细密。而且对青石进行高浮雕、浅浮雕和凿纹、磨光等操作都可以信手拈来。山东画像石以石面精美复杂、构图绵密细微为世所重。如临沂白庄、微山两城镇的汉代画像石中的人物造型,可以说是精细至极:人物的胡须、眉毛均根根阴刻而出,线条精细均匀,有的人或动物身上也刻绘出许多精细的直线或网纹、鱼鳞纹,与刺绣有异曲同工之妙。而细密坚硬的青石的石质特点正好比较适合于这较为细腻的"刀绣"。经这种手法处理过的形象,具有真实良好的质感,在某种程度上化解了石材过分冷峻的感觉,同时又造成一种类似织物的肌理效果,给人以丰富柔美的感受。又如临沂独树头镇画像石形象上更是刻满了阴刻线,这应该是工匠有意用肌理来表现对象的一种手法。在阴刻为主的沂南北寨村,该地区的画像石中人物的衣纹描绘得栩栩如生,其中重要的原因是青石的质地与其线条语言的形成密切相关。

山东嘉祥武氏祠(图4-3-2)画像石,因其装饰的是庄重的祠堂,题材又多为历史故事,承载较多的教化功能,故画像石形象"入规入距",端庄而严肃。画像石中的用线艺术,我们可以用"简洁、精到"四字来概括。工匠们似乎在压抑着放凿直取的"狂刻"欲望,理性地划分着石头的有限空间。当我们欣赏嘉祥武氏祠画像石拓片时,不仅仅为其形象端庄而敬佩,而更令人折服的是其高妙的剔地艺术手法。石中人物众多,构图紧密,大面积的黑色让人感到庄重而又严肃;画中空间布白却富有变化,竖凿纹极为细密。画中人物姓名及题记的文字刻绘,

图4-3-2 山东嘉祥县武氏祠画像石《阁楼·人物·车骑出行》

使画面效果变得更为精细、典雅。滕州西户口的画像石刻，其庄重、典雅之气不亚于武氏祠。生活中不乏奇迹出现，兖州市农机学校出土的画像石的雕刻工匠们似乎更钟情于标新立异，他们在神人的身上用钢凿凿满了斑斑点点，这似乎是在尝试探求细密石质表现粗糙的肌理效果的独特技法。用精到的雕刻技巧，凿出一个质朴、粗犷艺术感觉的画面，这种技法显得格外特别。

二、艺术风格百花齐放

山东画像石的表现技法具有多姿多彩的特点，同时因为山东汉代画像石发展周期相对漫长，再加上画像石所处的位置及其功用的差异性，种种因素导致山东画像石的艺术风格呈现出百花齐放的局面。具体说来，山东汉代画像石具有以下几个比较突出的艺术风格。

（一）端庄壮观风格——以武氏祠画像石为代表

山东嘉祥武氏祠、宋山画像石多在平整的石面上描绘形象，画面的内容多为历史故事，如《荆轲刺秦王》《专诸刺王僚》。武氏祠画像石形象端庄，画面构图饱满且富有理性规则，特别是从拓片效果来看，更是端庄壮观、落落大方。

（二）精细繁密风格——以孝堂山石祠画像石为代表

孝堂山石祠画像石，画面中人物密密麻麻，排列紧密，让人有一种一画容千军万马的感觉。由于此部分画像石多用阴线刻表现，故而在视觉上有一种特别精细的感觉，犹如我们在欣赏精密的微雕画面一样。

（三）典雅精美风格——以沂南北寨画像石为代表

山东沂南北寨画像石造型典雅精美，很多画面堪称我国典型的白描艺术作品。其人物造型准确，线条处理疏密有度，富有美感，是我国古代美术作品中不可多得的艺术精品。

（四）稚拙朴实风格——以莒县东莞镇画像石为代表

山东莒县东莞镇画像石（图4-3-3）造型粗壮，形象刻画稚拙可爱，人物一般较"胖"，头大、身矮，有一种儿童漫画造型的感觉。在这些画面上几乎看不到一丝取巧之处，宛如憨厚的农夫，质朴可爱。

图 4-3-3　山东莒县东莞镇画像石《拥彗门吏》

（五）粗犷豪放风格——以济南大观园画像石为代表

此地的画像石（图 4-3-4）刻在未有"刨平"的石面上，画面上呈现出天然石质的粗犷的肌理感，朴实无华。画中人物形象的雕刻处理，特别是形象的轮廓线，以自由婉转的线条刻成，几乎有着与南阳汉代画像石一模一样的艺术风格——粗犷而豪放、寓巧于拙。

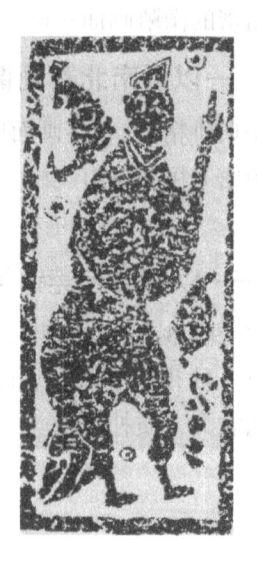

图 4-3-4　山东济南大观园画像石《扁鹊像》

（六）疏朗质朴风格——以滕州岗头镇画像石为代表

山东滕州岗头镇画像石（图4-3-5）中人物形象面积较小，形象之间空间疏朗，有一种中国画中疏能跑马的艺术境界。又由于形象身上的肌理多为天然石质的肌理效果，故而给人视觉上一种疏朗质朴的感受。

图4-3-5　山东滕州岗头镇画像石《比武》

（七）图案式刻画风格——以滕州西户口画像石为代表

如图4-3-6所示是山东滕州西户口画像石，这种汉代画像石的风格十分精致。不同于其他种类的画像石，山东滕州西户口画像石是工匠首先确定好形象轮廓，在进行内部形象的刻画时采用现代图案规则式的整齐、平行的线条，给人以极强的装饰效果。

图 4-3-6　山东滕州西户口画像石《交谈》

三、艺术题材——长剧与小品共存

山东汉代画像石的内容同样十分丰富,因为其分布较广,数量较多,品种较为多样。将山东画像石与表演艺术相比,其艺术题材有小品和大型连续剧两种,二者共存,所以其题材较为丰富。

山东画像石较多出现在祠堂之中,祠堂一般来说都比较大,墙面上可以并存多个甚至数十个大型画面,而且山东汉代画像石的教育功能强烈,历史题材故事和形象较多,所以在领略山东祠堂中的画像石时,会有一种波澜壮阔的观感。山东人自古以来就热情好客,被称为礼仪之邦,出现了如孔子、孟子等著名的思想家,他们的忠、孝、礼等思想在山东艺术作品中有着充分的展现。我国的祠堂是用来祭祀的场所,目的性非常强,因此其中的画像石内容从整体上看高度统一,观看祠堂中的画像石就像看一部中心集中(忠孝节义等儒教内容)却富有变化的大型连续剧。这种感受我们还可以在沂南北寨的汉代画像石中得到共鸣,在沂南北寨的画面中有三四块画像石是比较突出的,如《舞乐百戏》画面巨大,画面长度可达 2.36 米,汉代所有的杂技和舞蹈都包含其中,有着十足的美感。山东汉代画像石不仅有着"大型连续剧",还包括内容较为简单的"小品"画像。一些小型的墓室由于空间原因,就会设置一些较小的画像石进行装饰,而其中的内容也因篇幅等较为简单、明确。

第四节　陕北汉代画像石的艺术特征

陕北地区人杰地灵。从人物而言，"米脂的婆姨，绥德的汉"是陕北高原上芸芸众生中男性与女性的精华；从文化角度来说，榆林地区出土的画像石艺术具有较高的艺术品位和独特的艺术风格，也可谓是黄土高原中艺术的精华。

一、剪纸神韵

陕北汉代画像石是以本地盛产的表面平整、薄厚均匀的页岩为材料，在制作工艺上，勾画陕北汉代画像石的大样用的是墨线，其次再用浅刻浮雕刻制，然后再在画像石上进行颜色的涂装。陕北画像石构图严谨、整齐、对称而规则；画像石的形象轮廓突出、粗犷简洁；形象与形象之间联系极为密切，"丝丝入扣"。对于陕北绥德汉代画像石的艺术特点，顾森先生在《秦汉绘画史》中有较为清晰而准确的论述："陕北画像石所用石材为水成岩，石呈片状，用于石刻者为其中较厚者。因石质结构是层层相叠，刻成高低而有起伏的面易于层层剥落，故陕北画像石均为一个平面，刻画内容减地浮出，再在浮出的这个面上略施阴刻等纹饰手段。在形象处理上，不追求琐碎细节；在处理各种曲线、细线和一些小的形象时，多采用类似今天剪纸中的'连'的手法，一个形象与一个形象相互连接，既保证了石面构架的完整，又使画面显得生动丰富。"[①] 由于多方面的原因，陕北汉代画像石在制作时并没有加工形象内部，而只是单纯地突出外部形象。所以，陕北汉代画像石更像是一种绘画。如陕西榆林汉代画像石的内部只有少量的阴刻线，而外部轮廓线则是由完整的曲线构成,山西榆林市绥德县义和镇的《墓室横额·白鹭衔鱼》就能称为剪影式造型(图4-4-1)。这种独特的艺术风格恰恰与剪纸的"笔画相互连接，形象概括单纯，富有装饰效果，艺术效果强烈"的艺术风格相似。二者具体的相似方面如下：线条粗壮、纹样简洁、传统题材有牛、马、鸡、羊、花果和植物等，画面边缘有装饰花边相衬，风格淳厚朴实。看来陕北至今仍然盛行的剪纸艺术、皮影艺术是与陕北画像石有一定历史渊源的。

---

① 顾森.秦汉绘画史[M].北京：人民美术出版社，2000.

图 4-4-1　陕西绥德义和画像石《墓室横额·白鹭衔鱼》

二、斑斓色彩

只有剪影式的造型所创造的形象似乎有些单调；剪纸有色、皮影敷彩，陕北画像石制作的重头戏也在于最后用色彩来丰富细节（图4-4-2）。陕北画像石的"平面减地墨线勾勒"技法是山东画像石、南阳汉代画像石中阴刻线的"陕北化"。大家知道，一般画像石上都敷有色彩，陕北地区画像石上的色彩尤为突出，可能是因为该地较干旱，易于保存的原因。还有，工匠们在陕北画像石形象上不能作过多体积变化、不使用足够线条刻制的"劣势"的实际情况下，自然会在制作画像石的最后一道工序——着色方面下大力气。在陕北画像石的着色技法上，有平涂也有点染。色彩的品种既有原色又有间色和复色，既有彩色系又有无彩色系，真正达到了"丰富多彩"。

陕北画像石的用色一般是朱红、绿色、赭石色和白色结合，加上墨线的描绘，一般使用五种色彩。在这五种色彩中，我们可以看出，它们的组合和搭配很具有特点。首先，红色和绿色是色彩中的互补对比色，这样搭配容易形成鲜明的色彩对比效果。黑色和白色属于无彩色系，起到稳定画面的作用，这黑色和白色恰恰可以稳定由红色与绿色结合而形成的补色强对比，使画面形成对比中有稳定、稳定中有对比的艺术效果。赭石色是一个较为"中性"的色彩，它温暖而又朴实，很接近陕北人的性格特征。红、绿、赭石、白和黑色这五种色彩的明度也有一定的对比关系。

在这五种色彩中，也存在着色彩的冷暖对比，经过上述分析得出：这简简单单的五种色彩，却呈现出这么多的对比与变化，我们不得不佩服古代民间技师高超的配色水平。在某种程度上说这种配色方式是中国古代传统配色方式部分的先驱也不为过，这种以墨色线勾勒形象，用大红大绿的色彩平涂画面的方式，我们今天依然可以从南北朝、隋唐以及以后的美术作品中看到，而赭石色也是中国画中较为常见的色彩。在中国画中，白色往往是白绢或宣纸的底色，中国画常常用留底的方法来处理画面，在陕北画像石中，因为石头存在着固有色的原因，所以先用了大量的白色来加以表现，其实这种方法与中国画中的留白技法异曲同工。

图 4-4-2 陕西绥德快华岭板佛寺画像石《墓室竖石·门吏》

三、繁密简疏

陕北画像石的构图处理是很大方的，也是很具有装饰性的。工匠们把文字、装饰图案与一个个内容独立的面有机地联系在一起，整体装饰墓室各个部分。如墓门的装饰，墓门的门扉、横额以及两边类似我们常见的门框的竖石部分都有机地连成一个整体。门扉往往是较为明朗、简洁的形象，而横额、竖石则多使用相对繁密的装饰性极强的花纹或极为工整的几何纹进行装饰。这样就形成了整体画面构图中的疏密、聚散的对比。我们常常见到的画像石形象往往是以拓片的形式出现的，那么，我们先抛开画像石的色彩关系来看画像石的画面，会觉得工匠们具有高超的驾驭画面的技巧。简疏与繁密的形象相结合、相搭配的手法，使得画面繁简得当、疏密有致。我们不由会为其所展出的艺术魅力所吸引。因为材料的关系，陕北画像石的形象一般很少用浮雕的表现手法来处理画面。画像石（图 4-4-3）中的形象塑造很具有特色：人物或动物等主要形象的处理非常简洁，简洁到只有剪影的程度。也就是说，对于形象刻画，注重的是对其外轮廓的精到表现；其体积的起伏关系主要是放在图与地的关系上。而主要形象外面的装饰使用的是精致、繁华的几何纹、云纹、雷纹、植物花纹等。这些装饰手段显示出我国传统文化中绘画艺术的"密不透风、疏能跑马"的疏密对比境界。

图 4-4-3　陕西绥德王得元墓画像石《牛耕图》

四、俗事雅情

可能是生活在"远离"皇帝的边关的原因，这地方的人们似乎不太关心政治。可能因为垦田是有指标的，所以这些军官、文臣、军士及地主们、农夫们都"沉醉"于"日起而作，日落而息"的民间生活俗事。农夫和一些战事较少地区的军人们将旧时战场开辟为新的农田。他们享受着田园生活，并且将其用画像石的方式记录在自己的殡葬处。陕北画像石题材以牛耕、收获等农业生产题材居多，动物形象极为丰富，从整体艺术风格浑厚朴实等特点中可以看出这么一个真理——"艺术来源于生活"，艺术是生活的生动反映。陕北地区画像石同样也反映出那个时代的生动而又真实的社会生活，可以说，陕北汉代画像石不仅展现了汉代人民真实生活场景，而且也展现了戍边将士与居民的内心世界。总之，陕北地区画像石所反映的是当年此地区的丰富且真实的实际生活场景。尤其是其中的田园生活相关场景在全国范围内的汉代画像石中也是别具一番风味。

绥德画像石中历史故事较少，而反映当时社会生活的题材则比较多。所以，《二桃杀三士》（图4-4-4）这块画像石在绥德画像石中有着非常重要的意义。西北版的《二桃杀三士》显得是那么的厚重、温和，犹如西北人的朴实、家常，没有血雨腥风，没有阴谋算计，有的是那一种劳作之余的雅致闲情。这里天高皇帝远，没有山东圣人故乡的礼仪苛求。三武士坐在高出地面的台上，好像是坐在西北人家的热炕头（我们可以从下部站立人的位置来判定）。公孙接与田开疆身上没有剑，他们二人都面向上，手指指向桃子，倒像是在进行着"口水大战"，耐心"辩论"谁的功劳大，另一只手还藏在长袖中。他们哪像在"计功争桃"，简直是在你长我短拉家常。左边的古冶子倒是个急脾气，宝剑出鞘、眼睛圆睁，仿佛在说："你们还在扯淡，老子等不及了！"那个体型较小的侍从倒像是个裁判。画面横幅构图，给人以宽松的视觉感受。人物上下的圆环、波浪线的装饰给画面增添了温和、闲适的感觉。从这幅画面中大家自然可以领略到那种把相对"严肃"的政治题材用一种侃大山似的方式来描述的艺术效果，其闲情雅致跃然石上。这幅画面应该是那些忙碌的屯田人农忙之余对长期的军事战争的思考，对真正的、长期的安居乐业的"俗事"生活的向往。

图4-4-4　陕西绥德四十里铺画像石《二桃杀三士》

五、憨厚秀美

当我们听到来自黄土高原的"秦腔"和信天游时，当我们看到那信手剪就的、火红的陕北剪纸艺术时，当我们接触憨厚、朴实的陕北汉子时，我们会有质朴、简练、粗犷、豪放等艺术感受。而陕北榆林地区画像石中的那些接近剪影的形象处理手法、那些憨厚朴实的人物和动物形象同样也给人这种感受。这种感受犹如我们常说的"绥德的汉子"一样健壮、质朴、豪放。然而，陕北人"粗"，但并不是简单、平淡的"粗"，而是粗中有细。正如陕北有名的皮影艺术给我们带来精美绝伦的艺术感受一样。陕北地区画像石中形象周围用繁密、精美的花纹来装

饰形成的画面效果，以及工整、精细的刻制和描绘技法所形成的艺术风采犹如米脂婆姨的秀美、温柔和聪慧。

总之，陕北汉代画像石向我们展现出的是集绥德汉子般粗犷、米脂婆姨般温柔于一身，是阳刚与阴柔、粗犷与精细、豪放与严谨、水与火、疏与密相结合而产生的对立而不矛盾，且完美统一的艺术风采。

第五章　汉代画像石的艺术成就与历史价值

汉代画像石就是一朵争艳的鲜花，它吸收了先秦绘画的营养，同时又影响于三国两晋南北朝之后的美术，在两汉近400余年的历史中，以作品在整体上呈现出具有代表性的独特面貌，而"形成一个艺术正统"。本章着重论述汉代画像石的艺术成就、汉代画像石的历史价值与汉代画像石的收藏与保护。

第一节　汉代画像石的艺术成就

一、汉代画像石的艺术风格

通常情况下，我们将风格称为在整体上艺术作品所具有的特性和独特面貌。风格不同于一般的艺术特色或创作个性，它是通过艺术品表现出来的相对稳定、更为内在和深刻，从而更为本质地反映出时代、民族或艺术家个人的思想观念、审美理想、精神气质等内在特性的外部印证。风格的形成是时代、民族或艺术家在艺术上超越了幼稚阶段，摆脱了各种模式化的束缚，从而趋向或达到成熟的标志。我国汉代画像石汲取了先人艺术中的精髓，如商周青铜器的纹饰和造型、战国时期的绘画作品，当时的工匠将这两个时期的雕刻和绘画有机结合起来，创造了一种全新版本的艺术方式，它似画非画，似雕非雕，在我国艺术史上有着独特的地位。

通过构图的方式、雕刻的技法、造型的手段、彩绘的特点实现了汉代画像石艺术风格的有机统一。

（一）汉代画像石的构图方式

在汉代画像石构图之前，一般是先有构思。构思是画工或石工在孕育作品过程中所进行的思维活动。统治者对当时的艺术影响十分巨大，当时的艺术都要为统治者服务，汉代画像石也不例外，被统治者思想所支配。如汉武帝崇尚鬼神，

"作甘泉宫,中为台室,画天、地、泰一诸神,而置祭具以致天神。[①]"

在作品中所描写的现实生活和对象有重要关系,所以写实是汉代艺术家构思的重要特征之一。在国内出土的数千幅画像石中,反映社会生产的牛耕、纺织、冶铁、酿造图;反映社会生活的拜谒、宴饮、百戏、出行图等占相当大的比例,这些作品并非照相的底板,而是经过主观因素的作用,即对现实生活中的素材加工提炼后产生的,虽"诚以实事难形",但并不"失其大貌",是写实绘画技巧的具体运用与发展。

汉代画像石的构图,遵循了以平面的散点布局的方式。我们知道,绘画艺术发展到现在,对于线性透视十分看重,焦点透视在线性透视中始终占有很重要的地位。焦点透视就是通过特定的一个点,来描绘从这个方向所能观察的景象。而散点透视所包含的很多焦点,其透视方法有三种,分别为横向高低展开平远法、纵向升降展开的高远法和远近距离展开的深远法,观察汉代画像石的构图布局可以发现,其形象按上下层次、左右关系获得空间的位置,这符合分层的布局方式,我国江苏、陕西和山东的画像石就属于这一种布局方式。

均衡的法则、疏与密的法则和多样性变化与统一的法则都是在汉代画像石中体现出来的内容。观察汉代画像石的构图布局,得出汉代工匠们对于艺术规律十分地关注。

西汉早期的石刻画像,习见于石椁的头板、足板和左右侧板的内壁上。以山东临沂庆云山二号画像石椁墓为例,头板位置雕刻象征上天的璧纹图;足板位置雕刻象征守护天门的门吏图,左右侧板雕刻与墓主生前有关的拜谒、习武图。从椁室画像的整体位置看,似前后对称,左右均衡,但从单体画像内容看,前后并非绝对对称,左右也非绝对均衡。相反,相对的对称、均衡,自然而不机械,从而绘制出多种多样的图画。

汉代画像石的疏与密的艺术规律表现在不同地区的画像石表现方式存在着差异,如构图较疏的画像石存在于南阳地区、四川等地;构图较密的画像石存在于陕北、江苏、山东等地。

传统法则中的平面散点和分层布局也是汉代画像石所遵循的构图法则,画像石的形象并没有提供向纵深延伸的暗示,而是按上下分次、左右关系获得在空间中的位置。所以,在逻辑上,作品中的空间超越客观真实而成为表意的概念空间,在一些画面中展现得较为突出,如车骑出行、历史、神话故事等。

在汉代画像石的创作过程中,构思与构图之间有着密不可分的关系,构图往

---

① 司马迁.史记[M].北京:北京时代华文书局,2014.

往打破构思中的预想效果，或与修正，或与萌生，使之创作更加表现生活，表现主题思想，达到内容与形式的完美与统一。

（二）汉代画像石的造型特点

作为一种艺术创作手法，造型是遵循美的规律而使用艺术手段，将事物进行概括、总结、凝聚的生化过程。

汉代画像石是一种新颖的艺术方式，将其看作绘画的话，那么石头则是作画的基础，刀代替绘画中笔的作用。在汉代画像石中，线条的作用十分重要，作为汉代画像石造型的主要手段，线条在展现出形象外观的同时，也凸显了各类形象都是处在变化的态势当中，其中，阴刻线的画像石最为显著。汉代画像石的另一造型特点是其有着影形观察的显著特点。一些画像石是在平面石材上经剔地、雕凿而产生的，因此画像石中形象的体积在影形的平面造型中消失，而形象的形体、动态特征则通过分明的曲线强调了出来。

无论是汉代画像石形象造型的影形观察，或者是描绘表达，都是十分重视其中的神韵，不拘泥于小节，求神似而非形似。

汉代科学家张衡在谈到绘画艺术时说："画工恶画犬马，而好作鬼魅，诚以实事难形，而虚伪不穷也。[①]"这就是汉人好作鬼魅画之缘故。同时，汉代人们对鬼神深信不疑，所以汉代画像石中的有关鬼神主体的创作非常多。在汉代画像石的创作中，造型的主要手段是想象与夸张。江苏画像石为了表示开明九首，在人首兽颈部的两侧分列四人首；山东画像为了表示开明九首，则在一兽身上刻了九颈九人首。河南、山东、江苏、安徽等地出土的驱邪打鬼图，因方相氏掌熊皮，一般被装扮成熊的形象，面目狰狞，十分可怕，而画像的造型总离不开写实的基础，这正是开明为虎身，方相氏为熊体的真正原因。

（三）汉代画像石的雕刻艺术

汉代画像石的雕刻技法，在概括了画像的大貌的基础上，通过不同的雕刻技法，展现出汉代画像石在不同时期、不同地区的不同风格。线刻、凹面雕、浅浮雕、高浮雕、透雕技法部分促进了画像的大貌，使汉代画像石充满了含蓄美。不同地区雕刻技法的不同，造成各个地区的画像石有着明显的差异，如南阳画像，因其浅浮雕、高浮雕、透雕技法而闻名，即滕固所说的"拟浮雕的"；山东画像，因其线刻、凹面线刻、凸面线刻技法而亦闻名，即滕固所说的"拟绘画的"。其实南阳与山东都有如前所述拟浮雕的三种技法与拟绘画的三种技法。江苏、安徽、

---

① （宋）范晔；李立，刘伯雨注析.后汉书[M].太原：三晋出版社，2008.

湖北、陕西、山西、四川、重庆、浙江等地的画像石多将上述技法混合使用，熔为一炉，使画像的造型、构图更加符合艺术家的构思与创意。

（四）汉代画像石的彩绘技巧

考古发掘材料证明，相当一部分画像石墓，或者说相当一部分墓门画像石在完成雕治工序后，其上涂施有不同的颜色，使其成为彩绘画像石。可惜这部分画像由于自然和人为的原因，现在已经看不到当年的风采了。砂岩质和页岩质材料吸水性较强，色彩附着力较高，也只能保存部分画像或退了色的画面。至于青石质材料，本身渗透性较差，色彩难于附着，现在所看到的画像只能是部分色痕或墨迹。彩绘是装饰画像石的最后一个步骤，作为画像石艺术风格的表现方式之一，彩绘在其他工序完成之后，可以对画像石进行"画龙点睛"。汉代画像石的彩绘技法继承了当时壁画的彩绘工艺，即用毛笔蘸取矿物质颜料进行彩绘，有朱、黄、橙、绿、紫等颜色。单线平涂的手法被应用到了画像石彩绘上，另外一些画像石的彩绘还利用了白描法。

尤其值得一提的是彩绘较易解决构图中的比例和透视关系。汉代画像石色彩的运用不是孤立的，而是与线条紧密相连的，线条在画像中居主要地位，色彩居辅助的作用。

综上所述，汉代画像石通过构图方式、造型特点、雕刻艺术和彩绘技巧等方式，将汉代人民的文化、思想、艺术和审美观念展现出来。

二、汉代画像石艺术的意义

在先秦时期的战国和魏晋南北朝，汉代画像石都十分罕见，它大量存在于我国的两汉时期。汉代画像石融合了古代绘画、雕刻等艺术，创造了一种新的艺术表现形式，展现了我国绘画的民族性特征，是世界文化中的瑰宝。

（一）拓宽了中国传统绘画的题材内容

中国汉代画像石有题材繁多、内容丰富之美称，这与先秦时期，尤其是战国时期绘画艺术的进步有密不可分的关系。

先秦时期，我国绘画已相当进步。《说苑·反质》篇引墨子语云："纣为鹿台糟丘，酒池肉林，宫墙文画，雕琢刻镂。"从河南安阳殷墟遗址发掘的壁画残迹看，至迟在商代盘庚时期，壁画已流行于上层社会。西周时，宫廷出现了人物画像。春秋时，楚先王庙已有绘有历史、神话内容的壁画。战国时期，是我国奴隶制社会向封建制社会急剧转变的时期，各国相继实施变法，思想领域里出现了百家争鸣的政治局面，社会生产力得到了空前发展，在此基础上，文化艺术也得到了长足进步。首先表现在有关绘画的记载增多。《庄子·外篇·田子方》记述了宋元君的画师们"受揖而立，舐笔和墨"以及"受揖不立""裸"体而画得入神忘形心态；王逸《天问章句》序云："屈原放逐，忧心愁悴，彷徨山泽，经历陵陆，嗟号昊旻，仰天叹息。见楚有先王之庙及公卿祠堂、图画天地、山川、神灵、琦玮僪佹，及古贤圣、怪物行事。[①]"上述记载反映了绘画的题材内容，同时提示了绘画的社会功能以及表现形式和技巧。从战国时期遗下的壁画、帛画、漆画、纺织品以及青铜器、玉石器、陶器上的装饰图案看，战国时期的绘画的确达到了很高的水平。特别值得一提的是湖南长沙出土的"人物龙凤"帛画和"人物驭龙"帛画，从独幅绘画实物的角度再现了战国绘画的不朽篇章，成为汉代画像石"龙""凤""驭龙升仙"的典型作品。

汉代画像石的题材内容，涉及了战国帛画中的"龙""凤""驭龙升仙"内容，还涉及了《天问》中有关天地、山川、神灵、贤圣、怪物一类记载。由于《天问》是屈原拜谒楚先王宗庙和公卿祠堂壁画后的作品，所以作品中反映壁画的内容可信性较强，也十分丰富。其中，天文星象类有：日轮金乌图、月轮蟾蜍图、星宿图、九层天图；神话传说类有：女娲图、嫦娥奔月图、王子乔化鸟图、凤神飞廉图、雨师屏翳图、昆仑山图、烛龙图、鲮鱼图、虺雀图、雄虺九首图；历史人物、历史故事类有：尧、舜、禹、伯益、启、后羿、寒浞、敖、桀、简狄、王亥、王恒、高汤、伊尹、商纣、姜源、周文王、姜太公、武王伐纣、周公辅成王、齐桓公、晋太子申生、楚令尹子文、楚成王、吴王阖庐、楚吴之战、彭祖、厉王奔彘、伯夷叔齐采薇等。这些天人合一、光怪陆离的绘画题材和内容，大部分被两汉时的画像石所采用，不同之处是两汉时期的题材更加广泛，内容也更加丰富。

根据两汉时有关文献记载，涉及绘画的内容很多。从王延寿《鲁灵光殿赋》可知，殿内壁画内容有：天地、杂物奇怪、山神海灵、五龙、人皇、伏羲、女娲、黄帝、唐虞、媱妃、忠臣孝子、烈士贞女；何晏《景福殿赋》壁画内容有：虞姬、姜后、钟离。当时，甘泉宫有天地泰一诸鬼神画像；麒麟阁有功臣画像；广州王海阳宫有男女裸交接画像；官署乡亭有伯升画像；汉光武的屏风上有列女画像；南宫云台有二十八宿及王常、李通、窦融、卓茁画像；郡尉府舍雕饰有山神海灵、奇禽异兽画像；赵歧寿藏有季札、子产、晏婴、叔向、赵歧画像；汉屈原之庙有延笃画像；鸿都门学有孔子及七十二弟子画像。这些题材被广泛用于汉代墓域双阙、祠堂及墓室装饰建筑。与此同时，画像的题材更加繁多。

---

① （东汉）王逸撰；黄灵庚点校.楚辞章句[M].上海：上海古籍出版社，2017.

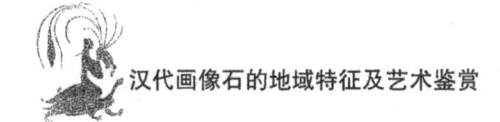

反映社会生产的画像有：农耕、收割、纺织、畜牧、捕鱼、狩猎、冶铁、酿酒、造车图；反映社会生活的画像有：建筑、燕居、庖厨、宴饮、拜谒、舞乐、角抵、六博、投壶、讲经、门吏、奴婢、针灸、秘戏、骑射田猎、汉胡战争、殡车出行图。反映历史故事的画像有：仓颉造字、大禹治水、桀与人辇、周公辅成王、孔子见老子、二桃杀三士、曹沫刺桓公、专诸刺王僚、范雎受袍、完璧归赵、荆轲刺秦王、泗水捞鼎、高祖斩蛇、鸿门宴图；反映远古神话的画像有：伏羲、女娲、东王公、西王母、羿射十日、嫦娥奔月、玄鸟高裸、牛郎织女图；反映天文星象的画像有：阳乌负日、三足乌白虎、月轮蟾蜍北斗、日月同辉、日月合璧、东宫苍龙、西宫白虎、南宫朱雀、北宫玄武、北斗七星、彗星、牵牛织女、双首朱雀星云、风雨；反映吉礼祥瑞画像的有黄龙、凤凰、宝鼎、甘露、芝草、神爵、白鹿、鸾鸟、嘉禾、白虎、麒麟、木连理、白乌、白狼、二龙穿璧、天马、攀猴、蛮鸟、山鹊图；反映祛除辟邪的画像有：方相氏、虎、神荼郁垒、材官蹶张、人面兽、神兽开明、人面鱼、奇禽异兽、虎车升仙、鹿车升仙、龙车升仙、鱼车升仙、羊车升仙、乘龙升仙、乘龟升仙、乘凤升仙、骑羊升仙图；装饰图案类有：云气纹、卷草纹、钱币纹、几何纹等。

通常情况下，我们把题材称为创作者在创作过程中，持有一定的目的对在选择范围内的素材进行提炼、改造和加工，从而使作品反映一定主题思想的生活现象。两汉时期的画像石种类丰富，题材多样，因为当时汉代的社会、经济、文化有着繁荣发展，其中儒家思想统治地位的确立、科学的进步、农业的发展、生活水平的提高都是汉代画像石创作的素材。

汉代的牛耕技术逐渐被广泛地应用到农业之中，使当时的农业得到了迅速地发展。当时农耕较多的地区如陕北、南阳、江苏等地的画像石中都较多地反映了农耕生活。封建时期的土地不属于农民所有，而是被统治阶级所持有，当时农民要通过缴纳租金的方式才可以获得土地进行农耕。统治阶级和农民这一剥削与被剥削的关系在密县打虎亭汉墓画像中有所体现。两汉时期的冶铁工艺有了十足的进步，山东滕州汉墓出土的大鼓铸冶铁画像证明了这一点。司马迁所著的《史记》中设《天官书》篇和张衡所著的《浑天仪图注》，显示了汉代天文的研究，陕北、河南、山东、四川、江苏发现的日、月、星宿画像反映了汉代天文研究的结果。

汉武帝采纳了董仲舒的"罢黜百家，独尊儒术"后，孔子和儒家相关学说和故事被当时的艺术家们精工细作，从而流传于世。山东出土的周公辅成王图、孔子见老子图、南阳出土的二桃杀三士图，便是这一时期艺术家对占统治地位的儒家思想的客观描述。汉代由于各族人民的辛勤劳动，社会生产力得到了飞速发展，物质文明达到了前所未有的高度，反映贵族地主生活的宅邸、庖厨、宴饮、舞乐、游猎、丧葬等活动自然而然被汉代艺术家借以跃然于石材平面上；汉代社会各层，尤其是封建统治阶级十分崇尚祥瑞、迷信鬼神，所以反映吉礼与凶礼的画像很多，并追求殁后升仙。汉代画像石中反映乘龙、乘凤、乘龟、乘虎、乘鹿、乘羊升仙的画像题材亦占相当大的比例。

在上述画像题材中，不能排除战国传统的绘画影响力，而更多的则是描绘汉代现实生活的题材。具有重大历史意义的牛耕、收租和升仙题材等主题突出，在秦汉社会变革时期的文化艺术中占有突出的地位。汉代画像石的题材还包括传统的动植物纹饰，自然气象纹样和几何纹图案等。题材的多样化，是汉代艺术繁荣和发展的重要标志之一。

（二）发展了中国传统绘画的表现形式

表现是美术创作的基本手段和方法之一，而形式则是作品存在的方式。汉代画像石的艺术表现形式较之战国时期有很大的进步和发展，它所表现的不仅是线描艺术、雕刻艺术和彩绘艺术，而且是集线描、雕刻、彩绘于一体之艺术。

汉代画像石是线描艺术品。观察"人物龙凤"和"人物御龙"这两幅帛画，可以发现在战国时期以线条为主要造型手段的中国传统绘画已经有很高的造诣了。汉代画像石的构图继承了战国的笔墨艺术，在磨光或凿平的石材平面上，用毛笔作工具，以线作为塑造形象的基本手段，用线条的曲直、粗细等不同的变化表现对象的形体和态势，而后用阴线刻，或用墨线表现物象的细部，形成典型的线描艺术。例如河南南阳赵寨二号汉墓出土的"羽人升仙"画像石和山东嘉祥洪山汉墓出土的"造车"画像石，均在磨光的石材平面上勾出墨线稿，其本身已具形式美感，经过阴线雕刻后，变成了一幅石刻画，它们分别展现了形象不同的个性和气质，从而使作品的艺术美感和魅力都大大增加。陕北画像石的物象呈剪影式效果，而物象的细部通常用墨线直接表示，形成了影形观察和线描表达结合的表现形式。汉代画像石中的凹面雕和浅浮雕画像，不少遗有当年的墨痕线迹，有的线条细如游丝，表现了汉代艺术家的线描功夫，例如山东济宁城南张汉墓出土的鹿车、羊车出行图；有的线条粗壮有力，例如河南南阳的虎车升仙图。这些细、粗线条传达了物象的整体形貌，也在鹿、羊、车舆、人物的细部表现出了质地感。尤其是线条的运用和变化，表现了创作意图所需要的鹿、羊、虎等物象的运动感。

汉代画像石是雕刻艺术品。在磨光或凿平的石材平面上用线描的手法勾勒物象的形态和态势，使中国画走出了在丝帛上或昂贵的纸材上作画的狭小天地，大大地发展了中国传统绘画的表现形式，具有开创性的意义。在石材平面上勾勒物象的轮廓，仅仅是完成了制作画像石的第一道工序，这道工序的艺术魅力，从上面列举的线描作品中可初见端倪。不过以线描为造型手段的作品，毕竟不是石刻制品。只有经过雕刻的画像石制品，才可谓之画像石。对于画像石的内容表现与画像题材来说，其雕刻技法发挥着重要的作用。在汉代画像石的三维空间中，线条包含有外部的轮廓线和内部的结构线，这二者的有机统一不仅可以展现物体的形态，也可以使物体展现出一种额外的形式美，凸显形象的魅力。我们都知道，汉代画像石的题材一般都以写实为主，工匠们运用多样的雕刻技法如阴线刻、高浮雕、浅浮雕、透雕、凹面线刻、凸面线刻等方式，展现画像石影形观察和线描表达等特点，使画像石具有"拟绘画"和"拟浮雕"的效果。一般来说，汉代画像石中的以线条为主要造型手段的方式来源于战国时期，而"拟绘画""拟浮雕"及"影形观察"和"线描表达"是我国公元前一世纪至公元二世纪绘画艺术新发展。线条在汉代画像石的构图中有着重要的地位，如起地平刻和阴刻都属于线条构图。不同于欧洲的浮雕，我国汉代画像石具有的艺术风格类似于我国的绘画艺术风格。

作为一种彩绘艺术品，在画像石上施加彩绘是汉代之前的人们未曾有过的行为。战国与秦汉时期的壁画、帛画随处可见，壁画、帛画这两种艺术品都经过彩绘这一步骤，所以，两汉时期的工匠便将其应用到画像石上。目前已知的是陕西、河南、山东等地的一些画像石运用了彩绘技法，尤其以陕北地区的汉代画像石为甚。据《陕北汉代画像石》载："在个别画像上的朱雀、铺首、边框、绶带、王母衣衫华胜等涂有朱、绿、赭、白等色。四十里铺、延家岔、楼沟及黄家塔出土的画像石有的整套墓门、有的整块墓壁都用各种色彩涂染点划，出土时仍然鲜艳，洁净，随着风吹日晒而淡化消失，可放在窑洞或干燥的屋室内的画像敷色，历经二十余年朱色墨线依然如故。[①]"在制作好的画像上，用朱、绿、赭、白等色点彩涂染的处理则更为罕见。由于色彩在绘画诸要素中具有感情特征的因素，能够强调某形象功能的目的，所以，汉代画像石的彩绘可以与帛画、壁画媲美，成为中国传统的绘画艺术。

综上所述，汉代画像石艺术是汉代发生并发展起来的很高水平的艺术，就一般画像石而言，它必须具备帛画和壁画的线描基础，并必须具备帛画、壁画制作不必具备的雕刻技法。至于汉代的画工与石工是否为一人所兼，目前是未知数，但其绝佳的石刻作品，反映出画工、石工绘画与雕刻技艺之精湛。早在北魏时期，

---

① 李林，等. 陕北汉代画像石 [M]. 西安：陕西人民出版社，1995.

我国著名地理学家郦道元在评价汉代画像石雕刻艺术时就指出,"石质青绿,光可以鉴""穷巧绮刻,绝妙从工"。继而在画像石局部施色或渲染,无疑使画像石艺术更上一层楼,使之成为五颜六色的彩绘画像石。如果汉代画像石能够再现原貌,今日评价其表现形式,恐怕无论如何也不会有所过之。当然汉代画像石的形式美是建立在与内容统一的基础之上的。

(三)丰富了中国传统绘画的艺术技巧

两汉时期,汉代画像石的艺术技巧,在中国传统绘画的影响下,出现了前所未有的进步,形成并达到了很高的水平。

1. "恶以戒世,善以示后"的立意

所谓立意亦即主题思想的确立。汉代画像石的立意十分明确。鲁灵光殿图画天地、杂物奇怪、山神海灵、伏羲女娲、黄帝唐虞、忠臣孝子、烈士贞女,意在"恶以戒世,善以示后"。景福殿"图象古昔""椒房之列"立意更加明确,即"以当箴规""是准是仪"。汉代画像石墓是汉代贵族地主阶级生前第宅建筑的缩影,墓室、祠堂、墓阙上的类似鲁灵光殿和景福殿的画像,自然离不开封建统治阶级的"戒世""示后""箴规""准仪"的政教作用。此外,汉代画像石还有颂功、纪事、"治生兴政"、祈求平安的功能。例如,山东苍山元嘉元年汉代画像石墓出土的朱雀、仙人、白虎、凤凰、结龙、鲤鱼、青龙、雷公、卫桥、功曹、主簿、亭长、胡使、刺舟、小车、都亭、羊车、圣鸟、浮云、玉女、寻从、骑吏、督都、贼曹、百鸟、笙竽、吹芦、鹤鱼、丞卿、新妇图,与同墓出土的石刻题记相印证,意在"治生兴政,寿皆万年",故"簿疏榇中,画观当后"。

2. "实事难形"与"虚伪不穷"的画论

汉代画像石是汉代统治阶级殁后追求的墓室艺术,因此要求画工真实地反映生前的生活,同时要求画工虚伪地表现冥间的幻境。对于"实事"与"虚伪"的问题,东汉张衡精辟地指出:"画工恶画犬马,而好作鬼魅,诚以实事难形,而虚伪不穷也。[1]"西汉刘安在《淮南子》中亦说:"今夫图工好画鬼魅而憎图狗马者何也?鬼魅不世出而狗马可日见也。[2]"张衡与刘安的画论均来自战国时期韩非的《韩非子·外储说》。"实事难形"的理论,一方面反映出战国、两汉时期画工对写实技巧理论的重视,另一方面也反映出画工对写实技巧难度的认识。而"虚伪不穷"的画论,在谶纬迷信盛行的汉代得到了淋漓尽致地发挥,汉代画像石中的鬼

---

[1] (南朝宋)范晔;李立,刘伯雨选注.后汉书[M].太原:山西古籍出版社,2005.
[2] (西汉)刘安.淮南子[M].哈尔滨:北方文艺出版社,2018.

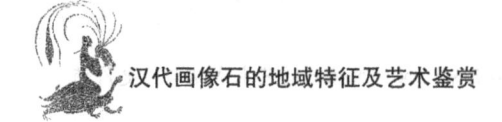

神题材极为广泛，且造型十分生动，其中神荼、郁垒图后来逐渐演变成为中国传统绘画中的门神画。河南南阳出土的执笏门吏画像和执钺神人画像在其人物身体下部分别阴刻出一幅形象可怕的铺首图，此作既增强了墓门的警卫和辟邪力量，同时，又大大提高了画像本身的艺术技巧，所以，有人大胆提出这是一幅中国最早的"抽象派"画像。

3. "丑好老少，必得其真"的写真

两汉时期，肖像画这一艺术形式逐渐地流行了起来，当时的画家们对于描绘人物有着独到的见解，而且当时涌现了一大批这类的人才。著名的有杜陵毛延寿、长陵赵岐。毛延寿"为人形，丑好老少，必得其真"。赵岐"自画其像居主位，皆为赞颂"。汉代画家在绘制肖像画时已经知道写生。举个例子，汉桓帝刘志想要召见姜肱，派了一位画家来对姜肱进行写生，姜肱在知道这件事之后，不想让画家画出自己的真实面貌，便躲在阴暗处，蒙住自己的脸面，所以，画家没能画出姜肱的真实画像。汉代肖像画的流行也体现在墓室等祭祀场所中，其中部分肖像旁还有石刻题记。如：夏桀、文王、周公、孔子、老子、齐桓公、管仲、曹沫、卫姬、范雎、须贾、秦王、吴王、专诸、豫让、赵襄子、韩王、聂政、荆轲、秦武阳、许阿瞿等。汉代画像石中的人物多种多样，覆盖呱呱坠地的婴孩到垂垂老矣的老年人，如70余岁的孔子和年少的许阿瞿。受限于在平石上雕刻的技法，人物的一些具体容貌、服饰细节等可能存在一些不足，但是这些画像石可以准确、生动地展现当时人们的精神特质、思想感情和人物的阶级关系，所以有着很高的研究价值。

4. "谨毛失貌""形神兼备"的技巧

形与神作为哲学上的概念，产生于战国，荀子有"形具而神生"之说，庄子则有"形残而神全"之见。西汉淮南王刘安发展了前人的思想，在"形"的表现上提出了"谨小失貌"说。他在《淮南子·说林训》一文中云："明月之光，可以远望而不可以细书；甚雾之朝，可以细书，而不可以远望寻常之外。画者谨毛而失貌，射者仪小而遗大。"高诱具体解释云："谨细微毛，留意于小，则失其大貌。"刘说、高注表明汉代艺术家十分重视"微毛"与"大貌"的辩证关系。主张抓住对象的比例动态，从整体上、运动上把握对象。反对只见树木，不见树林；只见现象，不见本质的创作方法。进而提出了"君形"说。刘安在同一书《说山训》中云："画西施之面，美而不可说；规孟贲之目，大而不可畏；君形者亡焉。""君形"，即"形之主"亦即心—神。"君形说"的提出表明"形"与"神"

的技巧已进入汉代绘画领域。但是，"形"与"神"之间并不存在肯定的关系，即画出了西施的形美，未必画出了西施的神韵。

我国古代艺术创作钟情于追求神似和意境，汉代画像石也不例外。在我国古代绘画理论中，形象因素的表现颇为神似，自然形态的表象因素为形似。在"谨小失貌"和"君形"两种思想的影响下，汉代画像石追求形神兼备，不在物象"大貌"的雕饰上进行纠结，而关注"大貌"的整体塑造，以求实现神似和形似的统一。汉代画像石艺术中的形神结合，继承了战国时期精神与物质、形与神的认识，是这种思想的新的发展。

5. "胡粉涂壁，紫素界之"的布色

据《汉官典职》记载，汉代壁画"皆以胡粉涂壁，紫素界之"。即先以胡粉涂于墙壁，作为一块白色的绘画底版，而后用墨线勾勒物象的形体和动态，最后再局部施色或渲染。另据《西京杂记》记载，汉代出现了不少有名的"布色"画家。例如"下杜阳望亦善画，尤善布色。樊育亦善布色"。在布色过程中，画工根据不同的品类、杂物平涂以不同的颜色，使之如《鲁灵光殿赋》所云："写载其状，托之丹青""随色象类，曲得其情"。汉代画像石的布色，不像壁画那样有明确的记载，从陕北出土的画像石看，其绘画的色相、色度和色性与洛阳等地出的壁画有不少相似之处，所不同的是壁画是在"胡粉涂壁"的上面"紫素界之"；而画像石则是直接在石材上"紫素界之"。彩绘画像石虽然用色简练单纯，且主要是修饰物象的轮廓和形象，却大大地强调物象的感染力和表达功能。彩绘画像石和壁画之间，以及彩绘画像石本身之间某些彩绘的一致性，推测在当时有画像粉本流传。各地画工、工匠把画像粉本与本地绘画技巧结合起来，创造出了山东、江苏、河南、四川、陕北不同地域、不同风格的汉代画像石或汉彩绘画像石，从而使画像石艺术成为汉王朝丰富多彩的民族文化遗产。

（四）奠定了中国传统绘画的坚实基础

汉朝的建立延续了秦朝的大一统局势，是我国封建时期早期的中央集权政权。两汉经历了四百余年的时光，在这四百年中，帝王们的励精图治使汉朝的国力得到了空前强大。汉文帝时期，张骞出使西域，使东西方文化真正地进行了有效交流，汉王朝的强大使各国与汉朝建立密切的交流关系。国力鼎盛的基础之一是经济发达，当时汉朝是世界上经济最发达的国家，与此同时、政治、哲学、艺术、文学等也随之繁荣了起来。作为艺术的一种，画像石在繁荣的两汉时期发展为活跃在祠堂、墓碑、墓室等场所的艺术，而且具有其特有风格和成就，具体而言就是：构图有序、疏密有致；题材多样、内容丰富；散点透视、平列物象；主要写实，富于想象；善于线描、笔势流动；人物有神，形神兼备；鬼魅不穷、虚伪夸张；存其大貌，拙胜于工；彩绘画像、富丽堂皇；片石千秋，民族之光。汉代画像石有着多样的表现手法和十分独特的民族风格，因为绘制画像石的工匠都是国内各族人民。汉代画像石在当时的壁画和帛画的影响之下，通过继承和发扬先辈的绘画技法和思想，并对外来文化中的绘画因素进行扬弃，形成了基于中国民族特色的艺术法式，是我国绘画发展的第一个高潮。"正是在秦汉绘画具有空前规模的艺术实践的基础上，中国传统绘画中以传神论为美学核心，以顾恺之为代表的三国—两晋—南北朝绘画才得以发展起来，而灿烂的外来佛教绘画艺术也才得以找到它可能生根开花的丰厚土壤。[①]"

关于中国汉代画像石的价值，著名历史学家翦伯赞有一段非常精辟的论述。他说："汉代的石刻画像，如武氏祠、孝堂山祠、两城山及武阳石阙等石刻画像，皆传世已久，但并未引起历史家的注意。晚近南阳一带汉墓中，又发现了大批的汉代石刻画像，始有若干学者开始对石刻画像作艺术的研究。我以为除了古人的遗物以外，再没有一种史料比绘画雕刻更能反映出历史上的社会之具体的形象。同时，在中国历史上，也再没有一个时代比汉代更好在石板上刻出当时现实生活的形式和流行的故事来。汉代的石刻画像都是以锐利的低浅浮雕，用确实的描写，阴刻或浮凸出它所要描写的题材。风景楼阁则俨然逼真，人物衣冠则萧疏欲动；在有些歌舞画面上所表示的图像，不仅可以令人看见古人的形象，而且几乎可以令人听到古人的声音。这当然是一种最具体最真确的史料。"他又说："例如从石刻画像中楼阁宫室的构图，我们便了然于桓宽所说的汉代贵人之家'兼并列宅，隔绝闾巷，阁道错连，足以游观；凿池曲道，足以骋骛'之语。从石刻画像中的乐舞图像，我们便了然于仲长统所说的豪人之室，'妖童美妾，填乎绮室；倡讴伎乐，列乎深堂'之语。看侏儒舞的画像，则《徐乐传》所谓'帷幄之私，俳优侏儒之笑'如在目前；看戏兽的画像，则张衡《西京赋》所谓熊虎升而拏攫，猿猴超而高援之态，跃然纸上；看乐队的画像，则流徽鸣鼓，如闻其音；看战争的画像，则矛挺搏击，如历其境。此外，还有许多描写风俗、记录传说，鼓励道德、宣传信仰的画像，不及备举。总之，这些石刻画像假如把它们有系统地搜集起来，几乎可以成为一部绣像的汉代史。"[②]需要说明的是，翦伯赞先生对汉代画像石的研究发生在20世纪40年代，此时正值抗日战争后期。由于历史与考古的局限

---

① 皮道坚.秦汉绘画，中国大百科全书美术卷 [M]. 北京：中国大百科全书出版社，1990.
② 翦伯赞.秦汉史 [M]. 北京：北京大学出版社，1983.

性，当时人们对于汉代画像石的分布、产生的背景、画像的分期、画像的分类、内容考释、雕刻技法、艺术风格以及艺术成就等的认识都不可能像今天这样，站在出土有大量的考古发掘材料的面前说话。然而，作为历史学家的慧眼，翦伯赞先生看到了中华民族的艺术之光，超前评价了汉代画像石作为中国传统文化的深邃与伟大，粗犷与大气，指出了汉代画像石无可替代的历史、艺术和科学价值。

第二节 汉代画像石的历史价值

一、汉代画像石是一部绣像的汉代史

著名的历史学家翦伯赞在他的《秦汉史》中说："汉代画像石艺术几乎可以成为一部绣像的汉代史。"[①]唐代张彦远在《历代名画记》中对绘画的功用评价为："宣物莫大于言，存形莫善于画。"无数专家都对汉代画像石的历史价值给予肯定，因为我们现在看到的汉代遗留下来的历史资料，能够反映出汉代真实的历史状况。在我们现存的史书中，关于汉代的文字并不多，况且这些文字在直观反映汉代真实面目方面还是有形象欠缺的。而画像石中生动的形象却能把我们带入那段曾经的岁月。

考古学家和历史学家们了解古代的知识时，并不只有古代史书这一途径可以选择，形象资料也是非常重要的参考资料。画像石作为形象资料中的重要组成部分，隐藏着当代诸多的历史文化知识，可以从中发现一些在书本上不存在的内容。举个例子，如一些汉代电视剧或电影中的汉服、建筑、日用品等，有很多就是依靠汉代画像石来进行确定的。

我们可以将汉代画像石粗略地分为四类，它们描绘的画面分别为现实生活、神话传说、历史故事、图案装饰。

另外，我们还可以对汉代画像石进行更加深入地分类：天象、鬼神、祥瑞、历史成败故事、表现墓主身份的车马出行图、表现墓主人财富的农田、牧场及作坊、表现墓主生活的活动、装饰纹样。

（一）天象

王延寿在《鲁灵光殿赋》中谈到绘画要"图画天地，品类群生"，也就是说遥远的天空中的景物也是绘画，特别是壁画所要描写的。大家都知道我国在汉代

---

① 翦伯赞. 秦汉史 [M]. 北京：北京大学出版社，1983.

时期，天文学是比较发达的，对一些较为著名的星座都有所记载、研究。出生在南阳的著名的汉代科学家、文学家、政治家张衡就对天文学情有独钟，他的浑天仪体现出当时人们对太空的认识水平。可能不仅仅是巧合，在我国汉代画像石主要产区里，表现天文形象的画面最为丰富的当数南阳地区画像石（图 5-2-1）。

汉代人是比较"迷信"的，那遥远夜空中明亮的星辰或许就是他们理想中的逝后归宿地。他们想象太阳中有一只三足鸟，月亮中有蟾蜍、玉兔和嫦娥，天空中还有牛郎和织女……美好的想象和对未知的求解欲望都会促使天象画面的产生。

图 5-2-1　河南南阳画像石《北斗星》

（二）鬼神

由于当时人们的认知水平有限，以为万物有灵，产生了崇拜大量自然神以及地母神和祖神的信仰。对于不可理解的事物用鬼神来解释或许可以实现"自圆其说"。我国原生的道教和传入我国的佛教更是给"迷信"火上加油，于是在汉代画像石上鬼神便大行其道（图 5-2-2）。

图 5-2-2　山东省滕州《扬幡招魂》

（三）祥瑞

在独尊儒术的汉代，儒家思想几乎主宰人们的思想；儒家的"天人感应论"确立了人们求祥瑞、避凶险的观念。或许上苍真的有灵，那不可捉摸的自然环境在汉代也常常给人以"警示"：史书记载"文景之治"的文帝和景帝时代近四十年间，大的天灾共发生七起，而西汉末年王莽篡位之时，东汉末年的汉桓帝和汉灵帝期间年年大灾，有时竟一年内数灾并至。别说是在科学技术并不太发达的汉代，就是现代，有些人的心理亦会有"天人感应"的观念。因此，那些被人们誉为代表祥瑞的事物出现，总会让人内心产生喜悦和希望；同样的道理，在墓室中装饰着祥瑞的图像，无论是对墓主人或是对逝者的后人都是一种心理安慰。

（四）历史成败故事

古代帝王、圣贤、忠臣、孝子、烈士、贞女等历史成败故事同是王延寿在《鲁灵光殿赋》中的记载：殿中墙壁上画有明君贤臣、孝子贞妇、淫妃乱主、贤愚成败……目的是"恶以戒世，善以示后"。所以，画像石上出现古代帝王、圣贤、忠臣、孝子、烈士、贞女等历史成败故事的画面对于视死如生的汉代人来说是很正常的，因为墓室是他们九泉下的居所、宫殿。在不同地区的汉代画像石中，我们几乎都可以见到诸如与《二桃杀三士》《荆轲刺秦王》《泗水捞鼎》等内容相同的画面。

（五）表现墓主身份的车马出行图

礼乐制度在周朝逐渐完善，其中的祭祀在汉代也成熟了起来，汉代画像石中的车马出行画面是为了墓主人进行炫耀的同时，也在凭借车马的数量和质量反映自身的身份。汉代初期，宰相出行不能乘坐马车，只能乘坐牛车，如果墓主人的墓室中有着大量的车马出行，足以彰显其高贵的地位。

（六）表现墓主人财富的农田、牧场及作坊

在汉代，农业经济发展迅速，超越以前任何时代，"田庄经济"就是一个缩影。汉代的豪强地主田园经济十分发达，有的可以达到"闭门成市""富可拟君"的程度。其实，从西汉晚期和东汉的历史来分析，有能力修建规模宏大的石墓、石祠的人应该是多为拥有大量田产的豪强地主（从部分画像石的文字记载上也证明了此现象）。他们的墓壁画像石上自然应该描绘、展现他们的农田和财富。

（七）表现墓主生活的活动

汉代画像石也会表现墓主生活的宅院、仓廪、庖厨、宴饮、乐舞、百戏、

讲学和献俘等活动。人们常说生活是多彩的，汉代画像石的主人也想把地下世界装饰得绝不逊色于地上世界般精彩。生活的多彩来源于生活的各个层面的精彩纷呈——仓廪实、宅院美、宴饮欢、百戏兴、舞乐隆……这些画面可以生动反映出汉代人生活方方面面的细枝末节。

（八）装饰纹样

生活又是美好的，画像石中一些精美的装饰纹样点缀着画像石主人美好的地下世界。在汉代画像石的装饰纹样中，有些是纯粹为了美的装饰目的，如几何纹样，它们本身并不代表什么含义。这些精美的纹样在汉代大量产生出来，因为精美的原始彩陶纹样、精美的商周青铜器、精美的春秋战国时期的漆器纹样都给汉代画像石的装饰纹样奠定了良好的基础。在汉代画像石的装饰纹样中还有一部分看似单纯装饰，其实具有深刻寓意的纹样，如柿蒂纹、穿环纹等。

二、汉代画像石是我们了解汉代历史的主要形象依据

让我们睁开眼睛，"翻阅"距我们虽然遥远但很亲切的时代吧！感谢无名的艺术家们，是他们让我们今天能够仿佛身临其境，进入形象而生动的汉代历史之中。

如图 5-2-3 所示，在这面画像石中，两武士扬眉剑出鞘。苦练剑术，好为日后金戈铁马、痛杀匈奴、保家卫国贡献匹夫之力。

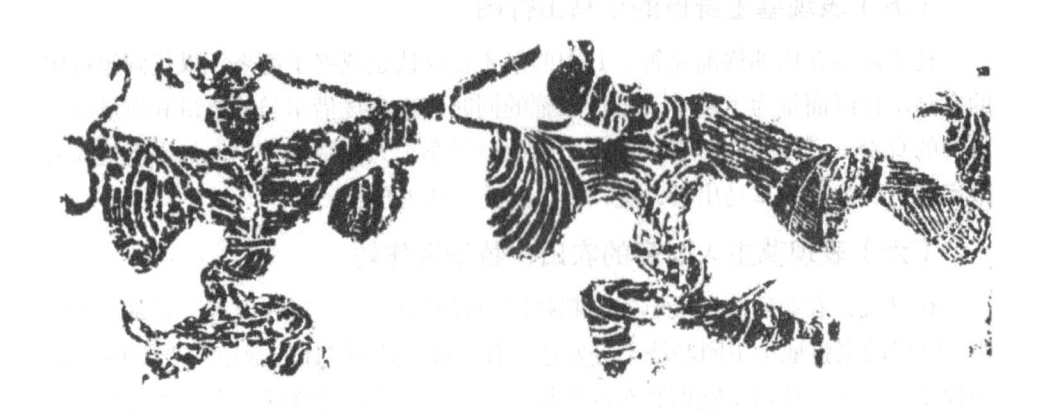

图 5-2-3　安徽宿州褚兰镇画像石《习武》

如图 5-2-4 所示，画像石中雄鹰展翅，良犬矫健，坐在飞驰的马背上的武士正引弓拉弦，锋利的、快如闪电的长箭即将准确地射入猎物的胸膛。

图 5-2-4　陕西清涧汉代画像石《狩猎》

对待野兔、山鸡之类的小猎物，杀鸡焉用宰牛刀。如图 5-2-5 所示，猎人可以暂且歇息一下，试一试初上战场的猎犬的身手，来一场猎犬的狩猎实战演习。

图 5-2-5　河南南阳王庄画像石《狩猎》

一样宽广的土地，农夫们可没有豪强地主那样声色犬马般的"潇洒"，他们知道粒粒盘中餐皆由辛勤汗水铸就。趁春天的阳光，犁下地、种入土，只要勤劳，金秋时节应该会大有收获（图 5-2-6）。

图 5-2-6　陕西绥德画像石《耕地》

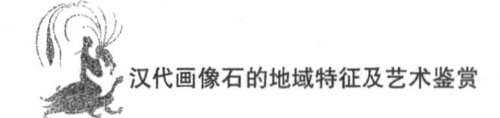

"我在家中来织布,你在田野好耕田。"我国男耕女织是有一定历史传统的。邀东家的大嫂,聚西院的大婶,边纺边聊拉拉家常。把艰辛、烦恼融进棉絮,把快乐、幸福拉出线团。画像石中左有凤凰合鸣,上有祥云盘旋(图5-2-7)。

图 5-2-7　江苏铜山洪楼《纺织》

大婶、大嫂累了吧,挤些奶儿做奶茶。牛儿、羊儿真听话,两桶鲜奶很快就下来了(图5-2-8)。

图 5-2-8　陕西横山孙家园子画像石《挤奶》

今天大家都不要客气,让大叔、大哥也过来,几家好好热闹热闹。老头子去杀只肥羊改善一下生活。那羊似乎通情达理，竟然把头伸过来，"迎接"主人的屠刀（图 5-2-9）。

图 5-2-9　陕西绥德画像石《宰羊》

吃过饭，老百姓也要放松一下，孩他妈把牛牵到一边，把车推到一旁。兄弟俩在楚河汉界旁大战三百回合。室外清风习习，鸟兽作伴，其乐融融（图 5-2-10）。

图 5-2-10　江苏邳州画像石《六博》

富豪家的生活可就是与老百姓不一样。宽大的厨房中挂满了鸡、鸭、鱼、肉，

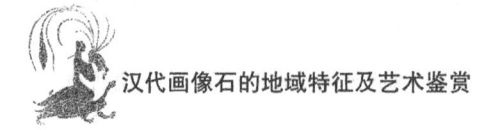

一群厨师有的在提水、有的在烧火、有的在蒸米、有的在洗菜、有的在切肉，一片忙碌（图 5-2-11）。可以想象，那富豪家的伙食十分丰富，真可谓"玉盘珍馐值万钱"。

图 5-2-11　江苏睢宁画像石《家居》

刚刚吃罢丰盛的午宴，该活动一下，消化腹中的食物了。来场斗鸡比赛。转眼间，宴席旁边摆开了斗鸡场。他们一边吃着鲜美的水果，一边随着斗鸡的争斗节奏而欢呼、跳跃，技艺娴熟的鸡奴正在调节着渐渐高涨的场面气氛（图 5-2-12）。

图 5-2-12　河南南阳英庄画像石《斗鸡》

强烈的、刺激的活动告一段落，真正的大戏也正在渐渐开幕。叮当……一阵清脆悦耳的磬鸣悠悠扬扬，绕梁不绝，这是大型文艺节目《舞乐百戏》的开场曲（图5-2-13）。

图5-2-13 山东沂南北寨村画像石《击磬》

随着悠扬的鸣磬序曲渐次展开，各种乐器也纷纷加入音乐之中，喜庆的拨鼓、苍凉的古埙……管乐、弦乐、打击乐共同营造着热烈的气氛。那美妙的和弦再次展现出《大风歌》的豪迈、浑厚和大气（图5-2-14）。

图5-2-14 河南南阳七孔桥画像石《奏乐》

雄壮的建鼓舞开始了。一位健壮的男艺人双臂高扬，两只鼓槌正在有力地向下挥去，他的身体随着音乐的节奏而强烈地摇摆着。那装饰豪华、精美的建鼓发出厚重的声音，响彻远方。这种边舞边鼓的表演形式，集舞蹈与打击乐二者之长，节奏鲜明、动感十足。顿时，场面的气氛便进入到一种热烈的、亢奋的、令人心跳的境地，同时也标志着节目的高潮即将到来（图5-2-15）。

图 5-2-15　山东沂南北寨村画像石《伐鼓》

"正式"的舞蹈演员隆重出场了。那婀娜多姿的细腰楚女，那粗壮雄健的齐鲁好男儿——走向舞台，南国的优雅缠绵、北疆的雄强豪气一并展现在观众面前，珠联璧合、刚柔相济。在这些舞蹈表演中还夹杂着奇妙的魔术、杂技表演，使得演出更精彩、更惊险。这是汉代特有的文艺表演形式，集美、难、险、奇于一身，也是我国表演艺术的传统瑰宝（图 5-2-16）。

图 5-2-16　河南南阳七孔桥画像石《百戏》

随着节目的进行，最令人感觉惊险、刺激的节目即将开始。这位虎背熊腰的演员，刚刚耍罢五枚戏丸，又开始在耍弄四把飞刀。这四把飞刀上下翻飞，但犹如有一根坚韧的线始终被演员牢固地把握着。准确定位、抛扬潇洒，稍有不慎，将会受皮肉之苦。真是艺高人胆大，跳剑演员神情自若，大有万无一失的把握，其实这些自信来源于十年台下血汗功（图 5-2-17）。

图 5-2-17　山东沂南北寨村画像石《飞剑跳丸》

表演节目中往往压轴戏是最精彩的。这位大力士竟用前额顶起高高的幢杆，这需要勇气和能力。幢杆上还有三个演员在做各种惊险的动作：一女演员在幢杆的最上端的小小圆盘上做高速旋转的动作，其他两位演员则把身体钩挂在横置的木杆上，做出极为优美、惊险的动作，她们一旦失手，后果将不堪设想。如此惊险的动作、如此高难度的动作就是在近两千年后的现在，也是不可想象的（图 5-2-18）。

图 5-2-18　山东沂南北寨村画像石《戴竿之戏》

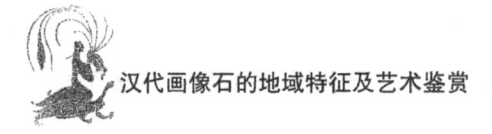

我们从这些画像石中可以看出汉代的饮食结构、农作方式、狩猎形式、斗鸡表演、舞蹈、音乐与乐器、杂技艺术、武术等形形色色的真实画面。我们看到这些画面后会自然觉得：在汉代就已经拥有与我们今天农民耕种田地的农具，如犁、人力车等，在结构与功能上和今天几乎完全一致，因此，我们明白汉代的农业生产水平应该是很高的。也可以说，画像石是汉代生动的形象历史。

其实对于汉代历史的了解，仅仅从文字历史书本中获得的认识是远远不够的，形象在历史认识中的作用是巨大的。我们甚至可以说，有时候一块画像石就足以改变一段人们传统心目中的汉代历史。

第三节　汉代画像石的收藏与保护

一、汉代画像石的收藏价值

（一）什么样的画像石更具有收藏价值

毋庸置疑，作为文物的画像石每一块都具有一定的历史意义，从这一方面来说，每一块画像石都是值得收藏的。但是，由于不同的画像石在形象、艺术价值、反映内容、出土地、大小等不同的因素作用，会导致其自身不同的历史价值。那么，什么样的画像石更具有历史价值呢？如果我们能够有较为清晰的认识，那么对于我们在收藏工作中的"有的放矢"是很有意义的。

1. 以前尚未出现过画像石的地区现今出现的画像石

如在河南南阳的西峡县目前还没有发现汉代画像石（其他县市均有出现），特别是在我们传统意义上的非画像石主产区发现的画像石，如东北的辽宁、吉林、黑龙江地区。因为这些画像石不仅可以弥补我们画像石产地的某些空白，更有意义的是，它可以成为我们了解该地区汉代的政治、经济、丧葬制度等真实可靠的形象依据，甚至可以为我们以后"顺藤摸瓜"，进一步了解该地区更加丰富的历史奠定重要基础。

2. 具有该地区画像石中所不常具备的画面内容的画像石

比如说在陕北地区关于历史题材的画像石很少，如果在该地区发现有大型表现历史题材画面的画像石那将是非常可贵的。其实在我国目前所确定的画像石主产区中在画像石的内容方面，几乎每一地区都有其不足之处，如果我们能够收藏到具有该地区画像石中所不常具备的画面内容的画像石，那么对于对该地区历史的全方位了解将会很有意义，同时对拓宽我们对汉代历史的认识亦具有重要的意义。

3. 不同于该地区画像石常规比例尺寸的画像石

每个画像石主产区的画像石在比例尺寸方面都有自己的独特规律。如徐州地区画像石有一些面积较大，南阳画像石除墓门、横额外，一般面积大小差别不是太大，较大面积的方形画像石不多。这些是该地区画像石尺寸比例上的一般规律，如果发现与该规律相对的特殊规律，那将是一件幸事。

4. 造型技法与该地区大相径庭的画像石

在画像石主产区中，都会有着自身独特的造型方式和方法，如果能得到一些造型技法与该地区大相径庭的画像石，那将具有一定的历史意义与艺术意义。如陕北画像石一般多为剪影式造型，雕刻尺度不太深，如果在该地发现具有深浮雕式的画像石，那一定是比较罕见的。在南阳地区，画像石一般多为粗犷式的艺术效果，如果能发现一块画面雕刻精细的画像石，肯定会促使人们重新认识南阳画像石。

5. 色彩保存完整的画像石

目前我们发现的画像石上面的色彩或因为地下潮湿或因为石面上不易保存等原因，往往是"铅华洗尽"（目前，我国出土的画像石除了陕北画像石上面的色彩稍有保存外，其他地区画像石上几乎是没有色彩的）。如果在特定的自然条件下出现色彩鲜艳、保存完整的画像石的话，那将是一件令人高兴的事。对汉代绘画中色彩的研究将提供一个良好的、不可多得的素材。

6. 能反映汉代历史上特殊人物事迹的画像石

如汉代的帝王、汉代名臣、名将。这对于我们深刻认识这些汉代重要人物有着极为深刻的意义。

7. 能反映汉代历史上特殊、著名事件的画像石

在汉代文字记载中一些大的历史事件，如能在画像石中有所反映，那么将会促使我们形象地认识汉代历史。

8. 在汉代著名人物墓室及其附近出土的画像石

如汉代帝王陵墓、汉代著名人物的坟墓及其周围出现的画像石。这些画像石是研究汉代高级阶层墓室形制的重要材料。因为目前我们发现的画像石墓室主人

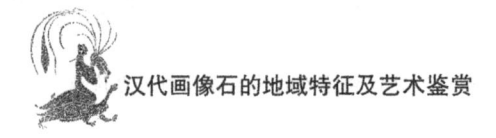

多为地位并不高的小官吏以及一些地主阶层。

（二）收藏汉代画像石的历史意义

在中国历史中，汉代是一个极其重要的历史朝代。很多外国人至今仍称我们中国人为"汉人"，说明我们的汉代在世界历史上亦是极为重要的时代。汉代离我们年代久远，历史文物保存相对比较珍稀，因此，收藏作为汉代历史遗物的画像石是具有重要意义的。

汉代画像石同时又具有独特的审美价值，是我国美术史中重要的艺术精品。从艺术考古的观点上讲，汉代画像石是汉代考古事业中难得的实物资料。汉代画像石目前出土量仅万块左右，数量并不多，而且大部分被博物馆收藏，收藏画像石其实也是收藏汉代的历史，只不过是更加形象、生动、立体的历史而已。

二、汉代画像石收藏前的欣赏与鉴别

（一）汉代画像石收藏前观摩与欣赏

1.到专门的博物馆或画像石原产地观摩和欣赏画像石

要想在汉代画像石鉴赏和收藏方面取得好的收获，首先要较为深刻地了解汉代画像石。我们可以就近到收藏汉代画像石的博物馆里进行汉代画像石的观摩和欣赏。当然，如果能够储备一些关于汉代历史方面的知识的话，肯定会在汉代画像石的观摩和欣赏过程中起到事半功倍的效果。因为博物馆中所收藏的汉代画像石一般都是汉代画像石的艺术精品，具有地方特色且具有代表性。

我们在专门的博物馆里观摩、欣赏画像石，首先，不用考虑画像石的真伪，因为这些汉代画像石都是经过专家鉴定过的画像石品；其次，我们还可以把这些画像石作为我们以后鉴赏、收藏画像石的"标本"，我们完全可以以此为标准，进行以后的鉴赏和收藏。笔者建议先到规模较大的专业汉代画像石博物馆里进行画像石的观摩和欣赏活动，如南阳汉画馆、徐州汉画艺术馆、山东石刻艺术馆等，同时也可以到汉代画像石的露天收藏场所进行近距离地观摩、欣赏，当然能够到画像石原出土地观摩、欣赏画像石则是最好不过了。如徐州汉画艺术馆因为馆舍太小而藏品丰富，不得不把很多的画像石露天存放，很多的画像石主产地的县级博物馆或文物管理所、文化馆中的画像石藏品也多露天存放。在画像石露天存放地点观摩、欣赏画像石，我们可以近距离地观察、研究、分析画像石的细枝末节，这种观察效果是在专门的、配备华丽光源的高档汉画馆中观察玻璃柜中存放的画像石所达不到的。同时，在就近的县级博物馆或文化系统观摩、欣赏画像石，会在人际交流、文字信息收集诸方面占据地利人和之优势。

据了解,因为我国画像石出土数量多,地域分布散等原因,有很多画像石都是就地存放的。就地存放的画像石数量应该占目前出土的画像石总量的一半多。有一些画像石,如浙江海宁长安镇画像石石墓在海宁中学院内原地、原样存放,如果能够进入并进行深入观察,我们不仅可以欣赏到原汁原味的画像石,而且还可以准确地了解画像石的摆放位置以及墓葬特点等在博物馆难以看到的原生状态。

2. 要有针对性地进行观摩和欣赏画像石

对于刚刚接触汉代画像石鉴赏与收藏的同仁们,笔者建议先就近观摩、欣赏那些汉代画像石集中产地的画像石。假如是苏北、安徽北部、河南东部的人,可以到以徐州为中心的、遍及苏北、安徽、豫东的汉代画像石主产地的专门收藏画像石的博物馆进行观摩和欣赏。因为全国的汉代画像石的产地很多,有二十多个省、市、自治区,几乎遍布全国,所以,一般情况下,我们都可以很方便地欣赏到汉代画像石作品。也可以专门到中国历史博物馆或省会的博物馆等大型综合博物馆中进行专门的观摩和欣赏,因为这些博物馆的汉代画像石一般都是画像石艺术珍品。为什么要这样做?因为我国汉代画像石艺术风格丰富多彩,产地也很多,并且具有地域性的特点。我们在初步欣赏汉代画像石艺术时,如果没有地域的针对性,会感觉到欣赏的头绪很多,反而抓不到汉代画像石的艺术特点,会导致失去以后鉴赏、收藏汉代画像石的条理性。我们只有先一个一个地对画像石主产地区的画像石艺术进行有针对性的了解和认识,才能产生不同地区画像石艺术的对比印象,才能逐渐掌握我国汉代画像石不同产区的艺术和历史规律。也只有这样才会使鉴赏、收藏汉代画像石的工作高效、规律地进行,才能有大的收获。

3. 要立体地观摩和欣赏画像石

俗话说"外行看热闹,内行看门道",我们在博物馆里要进行立体的汉代画像石的观摩、欣赏,综合地观摩、欣赏,而不是孤立地、片面地看待问题。

(1) 追求原汁原味

原汁原味是我们到博物馆中观摩、欣赏画像石的第一个追求。也就是说,我们要在博物馆真正领悟到原汁原味的画像石艺术,我们不仅着眼于画像石,还要了解汉代墓葬的特点和规律,画像石的作用,画像石的内容及象征意义,画像石的艺术特点,画像石主人的身份,当时的政治、宗教、经济诸方面的问题。不能凭我们现在的认识来理解距我们将近两千年的人们的观念,只有利用丰厚的历史

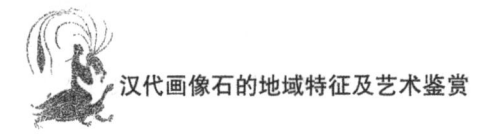

知识，做到身临其境，才能领悟原汁原味的画像石艺术。

（2）两条观摩和欣赏线路

要想实现画像石观摩、欣赏的原汁原味的状态，可以按照两条线路进行观摩、欣赏活动。这两条线的第一条线路是历史文化线路，第二条线路是造型艺术线路。

首先，我们在博物馆里观摩、欣赏画像石时，要认真地观看画像石的文字介绍，同时也要认真听取讲解员的解说。这是我们在观摩、欣赏活动中首先要做到的。通过这些文字说明和语言解说，我们基本上可以从历史的角度了解汉代画像石产生的时代背景和原因、画面的象征意义、画像石的历史功用。我们对汉代墓葬的规律、规模和特点会产生一定的认识，我们对汉代人们的风俗、信仰等精神活动会产生一定的理解，我们对汉代人们的经济生活、生产状况也会产生一定印象。正如著名的历史学家翦伯赞在他的《秦汉史》中所说：汉画的画面"几乎可以成为一部绣像的汉代史"。也就是说，只要我们能够认真欣赏、学习，一定会感受到汉代丰富多彩的生活场景。如能真正实现这种境界，说明我们已经进入汉代画像石鉴赏、收藏的大门。

其次，画像石毕竟是一种造型艺术形式，汉代画像石的石材、画像石的雕凿方法、画像石的着色规律、画像石形象的造型规律等，这些画像石"表面"上的符号往往是我们以后鉴别、收藏画像石重要的、客观的、唯一可以依赖的"蛛丝马迹"。俗话说，"透过现象看实质"，我们就是要首先尽量详细了解画像石"表面"上的艺术现象。只有对这些画像石形象的塑造符号的准确了解和认识，我们才能相对准确地辨别、收藏真正的画像石。实际上，有很多画家、雕塑家都在苦苦寻觅以画像石为主体的汉代造型艺术的特点和规律。因为在我国古代美术史中，我们对原始彩陶、商周青铜器、魏晋时期、唐宋时期以及元、明、清时期的造型特点都有较为系统的研究，其研究成果被很多艺术家所借用。而只有汉代的造型艺术的特点和规律并没有被我们系统地了解和成熟的运用。就汉代画像石的研究现状来说，从历史角度的研究多一些，而从造型语言方面研究汉代画像石则相对薄弱。

（二）汉代画像石收藏的鉴别

1. 根据画像石地域石材特点鉴别

（1）画像石石材的地域特点

研究汉代画像石的材料可以发现，为了取材方便，墓中有画像石的墓一般设在山区。对于在平原地区的墓，若其中有画像石，那么这些墓一般设在河流附近，因为这样便于运输，但是所用的石材也不会太远，取材地址在近一点的山区。在距离山区很远的墓中，也不是不存在画像石，就如浙江海宁汉墓中就有画像石，但是这附近并没有用于制作画像石的石材，经过研究发现，墓中的画像石的石材并不相同，可能来自多个地区，如一些画像石与山东沂南北寨画像石在效果上有着相同之处，所以，海宁汉墓中的画像石很有可能取材自山东沂南，而且山东沂南至此地的水运较为发达。

不同地区的地貌不同，环境不同，导致石材也各不相同，接下来看不同地区的画像石石材的特点。陕北地区：多用片页岩来雕刻画像石；南阳地区：多用石灰石来雕刻画像石；山东地区：多用青石来雕刻画像石；川渝地区：多用砂石来雕刻画像石，其中，片页岩质地很硬、表面平滑，石灰石质地较硬而且脆，青石质地较硬但是细腻，砂石质地较软而且粗。

上述内容讲的是这些地区石材的普遍现象，个别现象在其中也常会出现，因为汉代画像石出土的分布较为零散，而这些地区又十分的广阔。假如发现个别现象，比如石材是附近产出的，或者是经过交易等手段而来到此地的，都是正常现象，前提是画像石的真实性可以保证，这对画像石研究有着重要的意义。（一些学者认为在汉朝有着交易画像石的场所，是因为在不同地点的墓中发现了相同材质、类似图案的画像石。出现这种情形的前提是不同的墓都不处于汉代画像石的主要生产地域，举个例子，浙江海宁汉墓画像石就是其中的典型，而南阳汉代画像石在陕北、川渝地区十分罕见。）

鉴定画像石时，要基于其石材的角度，第一步要做的就是研究出土地址附近的石材和出土的画像石石材是否相同，如果不是画像石出土地附近的石材材质，或者邻近的画像石主产区的画像石材质，应该对出土的画像石的真伪进行怀疑。对于一个信息未知的画像石，可以综合石材材质、雕刻技法、表现手法和艺术特点等几方面来进行研究，若研究后发现其与某一地的画像石特点类似，那么就能初步判断这块画像石的出土地，然后再根据其他的特点判断其艺术价值。

（2）以石材作伪的画像石

这类作假的汉代画像石，往往也有区域性，往往在传统的石雕技术发达的地区生产。因为现代交通很便利，这些作假的画像石完全可以长距离地运输。我们可以根据汉代画像石的主产区的石材特点及艺术特点进行画像石真伪的鉴别。有些作假的画像石往往在石头的表面上做出一些"古色古香"的"皮"，以达到让人从表面上看来非常像是年代久远的石器的目的。下面介绍一些"江湖"上石器作伪的方法：

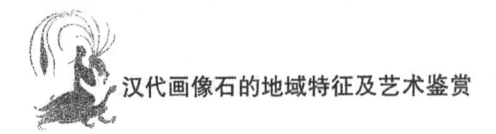

第一，先用现在的石材仿造过去的样式雕刻成型，然后用强酸、强碱水刷在石面上，腐蚀掉石头的表层，在伏天让雨水淋浇，可以造成旧石器的感觉。

第二，将事先做好的假石器用火烤热，然后用白矾和黄土涂于石头表面，以形成"石锈"，这种作伪的方法与无釉瓦器作旧的方法相同。

第三，在大锅中用大烟（罂粟）水加白矾煮假石，数日后捞出，让颜色透入石头，使石头看上去如生出真铁锈一样。

第四，用藤黄加白矾水煮石，然后用前一条方法作假。

第五，先用烟火在新石上薰上一层烟垢，放置在向阳处，每日数次用水喷之，数月后刷去石上表面浮土、浮烟。剩余烟垢与石头凝结在一起，真的好像是布满了黄土锈。

第六，用萝卜干熬水煮石，数日后捞出。

也有人用古墓之土加白矾、龙须菜等趁热涂于石上造出土锈，也有用现代化学药物或颜料侵蚀成色等方法为新石作"古"。

（3）以非石材作伪的画像石

这些作伪的画像石往往用水泥、砖材或其他化学材料做成。这种作伪画像石的作假档次很低。特别是用水泥或树脂做假石，工序比较简单，因为作假者可先用真正的画像石做出模具然后便可批量生产。但是从表面效果上看，特别是画像石的花纹、形象却几乎与真石一样。

2. 根据画像石地域雕刻技法特点鉴别

不同地区出土的画像石，其艺术风格也有明显的差异。山东画像石、南阳画像石、川渝画像石、陕北画像石、徐州画像石等不同地区的汉代画像石自然会有着不同的艺术风采，这些不同的艺术风采来源于不同地域、不同的文化影响和不同地区画像石雕刻、绘制技法的自身特点。

3. 根据画像石地域内容鉴别

关于不同地区画像石中反映出的相应内容方面的知识，对于锻炼画像石的鉴赏能力来说，我们首先要学习历史文化知识，其次要多看、多参与认识画像石的实践工作。最后，我们要有针对性地深刻认识某一具体的画像石艺术特点及历史价值。比如我们对山东人的认识，虽然不一定所有的山东人都如《水浒传》中所描写的身材高大、勇猛，也不一定都如孔子所说的循规蹈矩，但山东人之所以成为山东人是因为他们骨子里有一种共有的山东精神——这就是山东人的地区或者文化上的共性。与此同时，我们还不要忘记，世界上没有两个从心灵到身体完全一模一样的人，这是作为个体人所具有的可贵的个性。研究、认识一个山东人，要把他的个性外部表现与作为山东人的内涵共性结合起来。把此理用在研究、鉴别一块山东画像石上应该是有良好效果的。推而广之，我们便可以有针对性地鉴别任何地区的画像石。逆向思考，我们便能将一块"无名"画像石归纳于某一地区画像石之中，然后再反过来根据该地区画像石的特点进行针对性的深入研究。通过两次研究、分析，我们对该画像石的认识应该是较为深入和全面的。

4."弄巧成拙"与画像石赝品鉴别

（1）画像石赝品材质的"弄巧成拙"

一般汉画馆中所藏画像石或者露天收藏的画像石往往感觉是比较"新"的，即石头表面很干净，很多石头像新雕凿的一样。这可能是因为汉墓中保存的画像石尽管时间很长，却很少受风吹日晒的影响。很多汉墓室中间是"空"的，与土的接触很少，所以出土后依然像新的一样。就是在作为路基、屋基、桥基等处外露的画像石上陈旧之感，也应与一般我们常见的相同存留时间的该房屋、桥基、路基的石头表面上的肌理相同才是。所以，绞尽脑汁在石头表面做旧，其实就是"弄巧成拙""贼不打自招"。再说，很多在石头表皮作假的假画像石，用开水加碱一刷，就会原形毕露。

用水泥等材料做成的假画像石，稍微留意就会发现其真伪，只要轻轻地去掉局部的表皮"包装"便可真相大白。有些用大型的砖头做成的画像石，也不难鉴别。还有一些用环氧树脂、人造大理石等材料用模具翻制出来的假画像石，不管它的表面做得再逼真，只需掂量一下它的分量就可轻易地分辨其真伪，因为树脂材料的最大问题就出在其分量的"轻飘"。或者用火烤之，不久便会产生难闻气味。

（2）画像石赝品艺术造型上的"弄巧成拙"

除了我们所熟知的如山东沂南北寨、安徽亳州曹腾汉墓、河南密县打虎亭等造型非常精细的一类画像石外，一般画像石的艺术特点往往是稚拙、浑厚、浪漫、粗犷（特别是河南南阳汉代画像石这种特点非常突出）。因为创造画像石艺术的主体多为民间工匠，所以其创造的画像石会有着淳朴、自然、简洁的艺术气息。因为汉代画像石产生的大汉朝时代是一个追求大气、展示浪漫豪情的时代。而现代一些画像石赝品艺术制造者往往只可能实现汉画像艺术的外表相近，却难以体味汉代画像石中的神韵和风采。作假唯恐被人发现的胆小心理和模仿心态导致雕刻时的缩手缩脚、鬼鬼祟祟；刻意追求利润导致雕刻时的不投入、不注情，浮躁

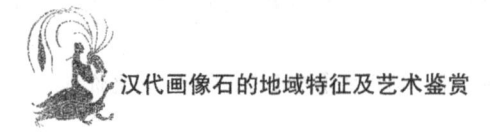

和奸猾的气息自然溢出。这些赝品中所展现出的"艺术特点",正是画像石赝品艺术造型上的"弄巧成拙"中的拙处所在。

根据以上两部分的分析,大家可以很快地分辨出画像石的真与伪。

三、汉代画像石收藏前的搜集工作

(一)就近搜集的原则

如果生活或工作在画像石主产区,我们可以采取就近搜集的原则,牢固占据地理上的优势。因为画像石与一般的文物不同,重量很大,运输上很不方便。如果能够就近搜集画像石,在运输及收藏方面都是很方便的。

就近搜集画像石还有一个重要的好处就是我们对本地的风土人情、历史文化了解会多一些,比如查阅地方志、地方历史和相关的文字资料,我们也会如鱼得水。本地哪些地方是汉代历史遗留最多的地方,哪些地方最有可能出现画像石,哪些地方在汉代是政治、经济、文化都很发达的地方,这些问题我们可以较为轻松地做到心中有数。

(二)到画像石主产区搜集的原则

俗话说"近水楼台先得月",之所以某一地区称为画像石主产区就是因为该地盛产画像石,到画像石主产区搜集画像石,往往易有所得。相反,到画像石产量很少的地区搜集画像石的难度是可想而知的,别说是一般的收藏者,就是研究画像石的专家,也难得有所收获。

(三)根据史料"按图索骥"原则

能够践行这个原则的人首先要具备一个先决条件,那就是必须对历史,特别是对汉代的历史有相当的了解。如果非常了解汉代的历史,那么就可以根据历史中所描述的汉代政治、经济、军事上的要地或汉代主要的贵族、大家族的所在地及其墓地,进行有目的、有重点地收集画像石,很容易有所收获,因为我们手中已经掌握了画像石的"藏宝图"。历史往往非常有趣,比如在汉代画像石中经常出现的《泗水捞鼎》(图5-3-1)画面实际上就是在介绍收集古代文物,根据史料"按图索骥"原则,周之九鼎,王权的象征,谁拥有九鼎就等于说就拥有了中国(所以我们现代常用九州方圆代表祖国的统一)。史书上介绍周显王42年九鼎没入泗水,秦始皇根据史书得知后,于28年过彭城,以千人入水捞鼎。《泗水捞鼎》展现的就是秦始皇据史料记载顺藤摸瓜到泗水捞鼎的故事。

第五章 汉代画像石的艺术成就与历史价值

图 5-3-1 山东滕州东寺院画像石《泗水捞鼎》

四、汉代画像石的收藏与保护事项

对于文物的保护我国向来都比较重视，但是对于汉代画像石的保护显然还不够。像是在民间，人们通常将一些珍贵的画像石用来做路石等，不加以珍惜，甚至一些处于文物管理部门的画像石的处境也十分堪忧。在一些出产画像石的县、市文化馆，其中的画像石大都露天存放，经历风吹日晒，难免会加剧风化，不利于画像石的保存。更有甚者，一些画像石成了儿童们捉迷藏的"基地"，一些没有素质的人将这里当作了厕所。露天存放画像石也存在大型汉画馆之中，可见，汉代画像石的保护刻不容缓。

经过深思熟虑后，作者总结出在室外放置画像石的原因如下：

首先，管理部门财政支出有限。

其次，管理部门场地不够放置画像石。

最后，管理部门相关人员不重视汉画像石的保护。

有些人可能会对为何一定要在室内保护汉代画像石存在疑虑，认为一些千年古镇也是露天存在着，而且人们都向往去古镇旅游。其实，这些历史悠久的古镇被大众青睐的原因之一是他们主要享受石材不同程度受损而带来的沧桑感，而汉代画像石则是需要保留其原来面貌的艺术作品，二者的保护要求完全不同。所以，笔者认为，为了保护汉代画像石，应该做到防碰撞、让其处于变化幅度小的合适温度和相对干燥的湿度环境。

（一）防碰撞

防止碰撞可能是画像石收藏和摆放中最应该注意的事情，因为大家都清楚，石材的最大缺陷便是一破便残，再也难以复原。要分析所藏的画像石的材质特点，如果是山东类型的青石，它的强度、韧度和细腻程度在所有画像石的石材中是最好的。如果是川渝型的质软而粗的砂石或者是陕北型的片状分层的片页岩，一定要注意保护，严防画像石受到碰撞。因为砂岩受到碰撞易碎，片页岩受到碰撞易成片脱落。一般情况下，汉代画像石往往只在一个石面上刻绘形象，因此，带有形象的那个石面应该是我们严加保护、严防碰撞的重点。但是世界往往是矛盾的，带有形象的石面也是我们需要经常欣赏和展示的画面，因为收藏家的快乐和荣誉就在于长期关爱、关注、欣赏、研究、发现自己的富有艺术魅力的藏品，而不是将藏品真正藏起来。

上了年纪的人常常会说："铜锅先破，陶罐后损。"对待容易破损的藏品只要用心呵护，自会永久存在、常现艺术光芒。

（二）变化幅度小的合适温度

一些没有学过物理的山区老人知道缺少炸药的开山者先用火烧山石，然后再用凉水浇泼，山石就碎开了；学过物理的人都知道热胀冷缩的道理。合适的温度也是保护画像石的关键所在。画像石一般不要摆放在火炕、壁炉附近，也不要摆放在窗户附近，这些地方温度变化太大，容易损伤画像石。

（三）相对干燥的湿度环境

对画像石的收藏保护而言，湿度的影响也是很重要的。特别是对石灰石、砂石和片页岩石材做成的画像石的收藏和保护，一定要注意湿度问题。尽可能不要在室外存放，南阳等地区经常可以看到一些长期放在室外遭受雨淋的画像石，轻的画面上形象模糊，严重的已不见画面和形象，和普通的一块石头没什么区别。对于江南的画像来说，构建藏石合适湿度的小环境是很重要的，特别要注意梅雨天气对藏石的影响。

在关于画像石的收藏保护方面，作者赞成原地保存的原则，如汉墓中的画像石就地保护，但作者同时也呼吁要注意墓室的湿度控制。一些汉墓中的画像石，因为受长期的潮湿因素影响，再加上没有实现与空气隔离，几年间画面已斑驳得面目全非，不久画像石将为非画像石。甚至有些地区为了开展所谓的文化旅游项目，将本已存放在温度、湿度都很科学合理的博物馆玻璃柜中的画像石搬到地下没有潮湿防范措施的"新造（复原）汉墓墓室"中，天公不作美的时候，雨水灌满墓室，导致画像石身处"水火之中"。

五、汉代画像石的数字化保护

（一）汉代画像石文化元素的数字化呈现

全球化发展伴随着科技进步，艺术在这时也与科技进行着沟通和交流。汉代画像石的故事十分精彩，同时其艺术表现形式十分完美。可以通过艺术和科技的紧密联系来宣扬传统文化，故宫博物院文化资产的数字化应用和敦煌艺术的数字化呈现都是传统文化信息化和数字化的体现，可以借鉴这些已有的经验来保护汉代画像石，而且汉代画像石的数字化和信息化有助于传播和推广这种艺术表现形式。对于年轻人来说，先进的科学技术更容易被他们接受，这是符合历史发展规律和时代要求的，就好比科学技术在汉代画像石的应用上，在对参观画像石的游客讲解时，可以辅以相应的数字化影像来进行解说，使游客可以身临其境地感受画像石文化，另外，技术人员还可以根据画像石中的形象和故事来制作相关影视或动画短片。

汉代画像石的信息化和数字化在使展示形式多样化的基础上，也让游客更加直观、清晰地认识汉代画像石及文化背景，一方面有助于汉文化的传播，另一方面有助于人们了解画像石文化。因此，数字化的合理应用是汉代画像石传播的必要手段。

（二）将汉代画像石文化元素运用到现代生活中

对于社会的发展来说，汉代画像石文化具有重要的推进意义，文化的传承是民族延续和进步的基础，民族精神的体现是民族延续的重要组成部分，以汉代画像石文化为代表的汉文化是我国历史发展的精华部分。汉文化在历史发展中对于人们的思想观念和行为等方面有着深刻的影响，直至今日，一些汉文化中的内容也有着巨大的影响力。在以往，汉代画像石的传播范围较窄，人们无从详细地了解汉代画像石文化，所以要积极宣传汉代画像石文化，使其在当代社会发挥重要作用。

在数字化时代背景下，相关人员应将汉代画像石文化元素进行数字化处理，对接数字化图像设计标准和能力要求，以数字化的手段合理开发、应用汉代画像石文化资源。相关人员应从汉代画像石数字影像的内容题材、设计形态、造型手段、纹饰图案、历史故事等方面寻求设计和创新的可能性，将汉代画像石文化运

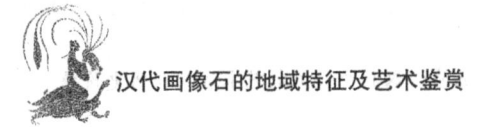

用到当下的生活中，为当代设计注入民族文化精髓，让传统文化焕发新的生机，使人们感受到民族文化的灿烂辉煌。

（三）汉代画像石文化教育的平台建设

作为一种题材多样的美术艺术，汉代画像石文化内涵丰富、审美观念传统、艺术特征独特。汉代画像石文化教育数字化平台建设，可以提高青年一代的审美和丰富精神世界，为青少年了解中国传统文化提供一个高质量的平台。平台工作人员可以开设专题化的教学服务来促使青少年了解并深入研究汉代画像石文化，如讲座、艺术体验课等。作为我国优秀传统文化的重要组成部分，汉代画像石的传承同样需要从学生抓起，具体方式是在学校进行汉代画像石的美育工作，在学校教育中融合汉代画像石文化。

（四）汉代画像石文化的数字化展演与推广

在数字化展演和推广中，汉代画像石的独特造型和独具内涵的故事是其中的关键，利用好汉代画像石的优点，用数字化和信息化的手段创作与其相关的新媒体作品。举个例子，汉代画像石中的圣贤、义士、孝子等都可以进行现代化创作，在传播传统文化的同时，也是符合我国现代核心价值观念的。此外，在一些视频站点、影院平台，可以传播一些汉代画像石故事改编的新媒体作品，这样也有着很好的传播效果。

科学技术的发展也为文化传播和推广提供了新的渠道。在科学技术日新月异的今天，汉代画像石文化可以结合互联网、人工智能和VR、AR技术等构建相应的数字化博物馆，这种数字化博物馆要尽可能地还原个别汉墓中的情形，才可以使游客有身临其境的感觉，否则会降低观众的游览兴趣。使用VR和AR技术构建数字化博物馆，在当今社会是最符合潮流的一种宣传文化手段，同时也有助于我们的文化在境外进行传播。

作为我国传统文化的代表，汉代画像石承载着汉代文化的同时，也是一种异常优秀的艺术作品。为了更好地推广和传播汉代画像石，需要做到以下几点：提炼汉代画像石文化的中心思想，深入研究汉代画像石传统文化价值，建设完善的汉代画像石文化传承体系，设计具备时代特色的艺术作品，加大汉代画像石数字化文化遗产保护力度，赋予汉代画像石新的内容形式和时代内涵。这样才能使汉代画像石文化跟上时代潮流，并不断发扬光大。

参考文献

[1] 顾森.中国汉画图典[M].杭州：浙江摄影出版社，1997.

[2] 高文.中国汉阙[M].北京：文物出版社，1994.

[3] 中国汉代画像石全集编辑委员会.中国美术分类全集·中国画像石全集·江苏、安徽、浙江汉代画像石[M].济南，郑州：山东美术出版社，河南美术出版社，2000.

[4] 夏鼐，王仲殊.考古学，中国大百科全书·考古学[M].北京：中国大百科全书出版社，1986.

[5] 肖亢达.汉代画像石研究[M].北京：文物出版社，1987.

[6] 中国社会科学院考古研究所.满城汉墓发掘报告[M].北京：文物出版社，1980.

[7] 刘庆柱，李毓芳.西汉十一陵[M].西安：陕西人民出版社，1987.

[8] 色伽兰.中国西部考古记[M].冯承钧，译.香港：中华书局，1955.

[9] 大村西崖.支那美术史[M].东京：东京印刷株式会，1916.

[10] 高炜.汉代的画像石墓，新中国的考古发现和研究[M].北京：文物出版社，1984.

[11] 李发林.山东汉画像石研究[M].济南：齐鲁书社，1982.

[12] 滕固.南阳汉画像石刻之历史及风格的考察[M].上海：商务印书馆，1937.

[13] 滕固.张菊生先生七十生日纪念论文集[M].上海：商务印书馆，1937.

[14] 顾森.秦汉绘画史[M].北京：人民美术出版社，2000.

[15] 皮道坚.秦汉绘画，中国大百科全书美术卷[M].北京：中国大百科全书出版社.1990.

[16] 翦伯赞.秦汉史[M].北京：北京大学出版社，1983.

[17] 程万里.汉画神仙世界的理念设定与形态构建研究[J].民族艺术研究，2022，35(01)：85-91.

[18] 罗晓霞.浅探汉画像庖厨图中的女性角色[J].收藏与投资,2022,13(02):154-156.

[19] 李峰.通过汉画像石分析山东汉代舞蹈艺术[J].戏剧之家,2022(03):117-118.

[20] 姚丽霞.北寨汉墓保护中3D打印技术的应用[J].炎黄地理,2022(01):28-32.

[21] 杨乐文.徐州地区汉画像石看徐州社会生活[J].陶瓷,2022(01):106-109.

[22] 王元翠,相宁.汉画像石中长袖舞的形态特征探析[J].艺术教育,2022(01):129-132.

[23] 殷红,黄芮.豫南、鄂北地区汉代墓门画像石研究[J].河南博物院院刊,2021(03):67-73.

[24] 李同恩.武梁祠汉画像石"曾母投杼"献疑——兼论"曾子质孝"的文化意义[J].秦汉研究,2021(02):275-285.

[25] 李峰.通过汉画像石分析山东汉代舞蹈艺术[J].戏剧之家,2022(03):117-118.

[26] 范姝婧,邵晓峰.汉代画像石(砖)中的几案类家具文化研究[J].美术教育研究,2021(24):38-39.

[27] 张卓远.试析南阳地区汉代画像石墓之逆向发展[J].华夏考古,2021(06):80-85.

[28] 郑立君.汉代画像石上的篆书题记及其书刻艺术考论[J].美育学刊,2021,12(06):63-71.

[29] 刘向斌,李玉香.陕北绥德汉代田鲂墓画像石题记的文学意义蠡测[J].辽东学院学报(社会科学版),2021,23(05):77-82.

[30] 邵楠,贾虎.汉代楼阁建筑技术及其对形制的影响[J].中国建筑装饰装修,2022(02):112-113.